Mehr als man kennt – näher als man denkt

Herausgeberin
Landeszentrale für politische Bildung Nordrhein-Westfalen
im Ministerium für Kultur und Wissenschaft des Landes Nordrhein-Westfalen
40190 Düsseldorf
www.politische-bildung.nrw.de

Alfons Kenkmann
für den Arbeitskreis der NS-Gedenkstätten und -Erinnerungsorte in NRW e. V.
c/o Geschichtsort Villa ten Hompel
Kaiser-Wilhelm-Ring 28
48145 Münster
www.ns-gedenkstaetten.de

Redaktion
Philipp Erdmann
Peter Römer

© Düsseldorf 8/2020

Ansprechpartner Gestaltung
Schwerdtfeger & Vogt GmbH
Münster | Berlin
Weseler Straße 26
48151 Münster
www.schwerdtfeger-vogt.de

Ansprechpartner Druck
SATZDRUCK GmbH
Industriestraße 23
48653 Coesfeld-Lette

ISBN-10: 3-935811-33-0

Druck mit Unterstützung des Fördervereins Villa ten Hompel.

Geleitwort
Guido Hitze 4

Gedenkstättenarbeit in Nordrhein-Westfalen
Klaus Kaiser. 8

Mehr als man kennt – näher als man denkt
Alfons Kenkmann 16

Objektgeschichten
Bonn 32
Brauweiler 34
Büren. 36
Dingden 38
Dorsten. 40
Dortmund 42
Drensteinfurt. 44
Duisburg. 46
Düsseldorf (Erinnerungsort Alter Schlachthof) 48
Düsseldorf (Mahn- und Gedenkstätte) 50
Essen 52
Gelsenkirchen 54
Hemer 56
Herford. 58
Köln (NS-Dokumentationszentrum). 60
Köln (Jawne) 62
Krefeld 64
Lemgo 66
Lüdenscheid 68
Münster 70
Oberhausen 72
Petershagen 74
Selm-Bork 76
Siegen 78
Soest 80
Stukenbrock 82
Vogelsang 84
Windeck-Rosbach 86
Wuppertal 88

Wissen – Irritation – Haltung
Stefan Mühlhofer/Norbert Reichling/Ulrike Schrader 92

Autorenverzeichnis 102

Geleitwort

Die Auseinandersetzung mit dem nationalsozialistischen Unrechtssystem ist ein fester Bestandteil der Geschichte der Bundesrepublik Deutschland, vor allem auch ihrer Demokratisierungsgeschichte, und daher seit langem ein Gegenstand historisch-politischer Bildung, der auch in Zukunft wichtig bleibt.

Die Aufklärung über das NS-Regime war zunächst ein wichtiges Element der Reeducation-Programme der Alliierten. Für die meisten Deutschen war die Konfrontation mit Verbrechen Nazi-Deutschlands nur schwer zu ertragen; viele lehnten eine persönliche Konfrontation ab. Mit der Verabschiedung des Grundgesetzes 1949 und der Unterzeichnung des Deutschlandvertrags 1952 erhielt die Bundesrepublik weitgehende Souveränität. Damit war allerdings auch die Übernahme der rechtlichen Aufarbeitung der NS-Verbrechen und der demokratiebildenden Aufgaben aus der Reeducation der Alliierten verbunden.

Die Auseinandersetzung mit der NS-Vergangenheit blieb dennoch umstritten. Hitler und die Nationalsozialisten hatten ungeachtet des ausgeübten Terrors über eine breite Zustimmung in der Bevölkerung verfügt. Viele Deutsche waren zudem in die Verbrechen des Regimes verstrickt. Diesen Hypotheken stand ein hoher moralischer Anspruch auf Aufklärung gegenüber, der sich auf das Zeugnis und die Autorität der Überlebenden von Holocaust, Verfolgung und Widerstand berufen konnte. Die juristische Aufarbeitung der massenhaft verübten Untaten verlief lange Jahre überaus schleppend. Schließlich waren es die großen Gerichtsverfahren wie der Ulmer Einsatzgruppenprozess Ende der 1950er Jahre, der Frankfurter Auschwitz-Prozess in den 1960er Jahren und der Majdanek-Prozess in Düsseldorf ab 1975, die eine breitere Öffentlichkeit für eine gesellschaftliche Debatte schufen.

In der Zeit nach 1968 war das Ringen mit der nationalsozialistischen Vergangenheit sowohl Anlass als auch Bestandteil von Generationenkonflikten. In den 1970er und 1980er Jahren wurde die explizite Auseinandersetzung mit der NS-Geschichte ein wichtiges Motiv mancher Reform- und Emanzipationsbewegung. Dies gilt zum Beispiel für die Justiz- und die Psychiatriereform und für die Bürgerbewegungen, die sich für die Rechte von Sinti und Roma, von Behinderten und von Homosexuellen einsetzen.

Immer wieder geführte „Schlussstrich-Debatten" hatten meist den gegenteiligen Effekt zu den Absichten einzelner Initiatoren. Faktisch gewann die gesellschaftliche und politische Auseinandersetzung an Breite und Tiefe. In den NS-Gedenkstätten wie in der politischen Bildung rückte die Konfrontation mit dem, was am historischen Ort, in der Kommune und in der Region konkret geschehen war, in das Zentrum des Interesses und der Auseinandersetzung mit der eigenen Geschichte. Auf den erhobenen Zeigefinger wurde und wird dabei bewusst verzichtet.

Mit den hier gezeigten Objekten geben die NS-Gedenkstätten in Nordrhein-Westfalen einen sehr konkreten Einblick in ihre Arbeit. In den Dauerausstellungen der Gedenkstätten sollen diese und andere

Objekte zu Fragen anregen und zur Diskussion auffordern.

„Der Prozess des differenzierten Erinnerns an das nationalsozialistische Unrechtssystem ist nicht abgeschlossen." Diesen Satz kann man als Essenz des hier skizzierten, fast 70 Jahre andauernden gesellschaftlichen Entwicklungs- und Lernprozesses lesen. Der Satz ist eine zentrale Aussage eines Beschlusses des Deutschen Bundestages zur Anerkennung der von den Nationalsozialisten als „Asoziale" und „Berufsverbrecher" Verfolgten. Der Antrag der Koalitionsfraktionen im Bundestag (Bundestagsdrucksache 19/14342) wurde am 13. Februar 2020 einstimmig von allen Fraktionen des deutschen Bundestags angenommen, bei Enthaltung der AfD-Fraktion.

Die offene Auseinandersetzung mit dem Nationalsozialismus bleibt ein unverzichtbarer Teil jeder demokratischen politischen Bildung in Deutschland. Sie gilt es unbedingt zu verteidigen und fortzusetzen! Die intensive Beschäftigung mit der NS-Diktatur, mit der Verfolgung von Minderheiten und mit dem Vernichtungskrieg gibt immer wieder Anlass, sich über die Grundlagen des demokratischen Zusammenlebens und konkret darüber zu verständigen, was genau Freiheit und Rechtsstaatlichkeit in einer Demokratie ausmachen.

Düsseldorf, im Juni 2020

Dr. Guido Hitze
Leiter der Landeszentrale für politische Bildung Nordrhein-Westfalen

Leitartikel

Klaus Kaiser

Gedenkstättenarbeit in Nordrhein-Westfalen

Leistungen, Herausforderungen und Perspektiven

In den vergangenen anderthalb Jahren habe ich alle anerkannten 29 NS-Erinnerungsorte und -Gedenkstätten in Nordrhein-Westfalen besucht, um mir ein Bild von der Arbeit der Gedenkstätten und den Vorstellungen der aktiv Verantwortlichen und handelnden Akteure zu machen. Wo liegen die Herausforderungen, die Sorgen, aber auch die Potentiale und Leistungen der Einrichtungen?

Ein Ergebnis dieser Vor-Ort-Erkundigungen sind die gemeinsam mit dem Arbeitskreis der NS-Gedenkstätten und -Erinnerungsorte in Nordrhein-Westfalen und der Landeszentrale für politische Bildung entwickelte Ausstellung „Mehr als man kennt – näher als man denkt. Objektgeschichten aus Gedenkstätten in NRW" und dieser dazugehörige Katalog.

Denn eines kann man ohne jeden Zweifel resümieren, dass Nordrhein-Westfalen über eine vielfältige, lokal organisierte, mit viel Engagement getragene und fachlich sehr gut aufgestellte Gedenkstättenlandschaft verfügt. Und es lohnt sich unbedingt, diese zu entdecken.

„Die Ehrfurcht vor der Vergangenheit und die Verantwortung gegenüber der Zukunft geben fürs Leben die richtige Haltung." Diese Worte stammen von Dietrich Bonhoeffer, der bekanntlich von den Nationalsozialisten für seine Aktivitäten im Widerstand kurz vor dem Ende des Zweiten Weltkriegs hingerichtet worden ist. In ihnen findet sich, was die Bedeutung von Erinnerungskultur für unsere heutige Gesellschaft entscheidend ausmacht. Denn: Erinnerungskultur ist nichts Ewiggestriges. Vielmehr findet sie in einem Spannungsfeld zwischen Vergangenheit, Gegenwart und Zukunft, zwischen individueller Verantwortung und gesellschaftlichen Entwicklungen, zwischen universalistischen und nationalen Perspektiven statt.

Die Auseinandersetzung mit Erinnerungen bedeutet immer auch die Auseinandersetzung mit gefühlten und realen Vergangenheiten. Über diese Bezugnahmen oder Erinnerungen begründen sich kulturelle und soziale Zugehörigkeiten, werden politische Positionierungen verhandelt. Und das ist wichtig für unsere Gesellschaft.

Denn: Demokratie ist mehr als eine Regierungsform. Es geht um das Ermöglichen und die Erfahrungen von Teilhabe an politischen Entscheidungsprozessen. Dabei setzen das Verstehen gegenwärtiger gesellschaftlicher und politischer Entwicklungen und ihre Mitgestaltung die Kenntnis der Geschichte und die Auseinandersetzung mit ihr voraus.

Dabei geht die Erinnerungskultur über das reine Vermitteln von historischen Abläufen hinaus. Sie zielt auf eine historisch-moralische Bildung ab. Es geht – neben dem Ziel, den Nationalsozialismus und Holocaust historisch zu erklären – um das Einüben von Demokratiefähigkeit und die Entwicklung von Zivilcourage.

Orte mit Geschichte

Nordrhein-Westfalen hat keine Gedenkorte wie Auschwitz, Buchenwald oder Dachau. Dennoch war die Region, die wir heute Nordrhein-Westfalen nennen, Teil des sogenannten „Dritten Reiches". Auch hier wurden politische Gegner, Bürger, die als rassisch oder erbbiologisch minderwertig galten, genauso wie Zwangsarbeiter und Kriegsgefangene während des Zweiten Weltkrieges von den Nationalsozialisten diskriminiert, entrechtet, verfolgt, gedemütigt und ermordet.

Als Zentrum der deutschen Rüstungsindustrie und Kriegswirtschaft hatten das Rheinland und Westfalen eine herausragende Bedeutung für das Regime. Ohne das rheinisch-westfälische Industriegebiet wäre der Weltkrieg nicht denkbar gewesen. Rheinland und Westfalen waren fest in das nationalsozialistische Regime einbezogen.

Die SS unterhielt in vielen Industriebetrieben Außenlager der großen Konzentrationslager. An Rhein und Ruhr wurden besonders viele Zwangsarbeiter und Kriegsgefangene zur Arbeit gezwungen. Wahrscheinlich sind in Nordrhein-Westfalen mehr Kriegsgefangene umgekommen als in jeder anderen Region des Deutschen Reiches.

Ob KZ-Außenlager oder die große Zahl von Zwangsarbeiter- und Kriegsgefangenenlagern, in den letzten Jahren des Krieges waren die Lager im Industriegebiet allgegenwärtig. NS-Terror war öffentlich präsent. Viele waren mittelbar oder unmittelbar am Arbeitsplatz, im Betrieb oder in der Verwaltung und im Quartier in das Lagersystem eingebunden.

Die Verbrechen des Nationalsozialismus fanden also auch hier, in Nordrhein-Westfalen, statt. In Nachbarschaften und Gegenden, die uns vielleicht aus unserem Alltag vertraut sind.

Einige dieser Orte sind heute Gedenkstätten oder Erinnerungsorte für die Zeit des Nationalsozialismus. Sie sind wichtig, denn die Generation der Zeitzeugen und Überlebenden, die uns über ihr Leben und das ihnen Widerfahrene Zeugnis ablegen kann, wird immer kleiner. Gerade bei jüngeren Menschen fehlt der persönliche Bezug zu dieser Generation, der die Großeltern meist nicht mehr angehören. So ist die Frage „Wie war das damals eigentlich? Erzähl doch mal!" für viele nicht mehr zu stellen.

Empirie und Fachlichkeit

Zu der Arbeit der NS-Gedenkstätten und -Erinnerungsorte gehört, Opfer nicht als anonyme Gruppe zu behandeln, sondern zu versuchen, ihnen ihre Würde zurückzugeben: durch ihren eigenen Namen, ihr Gesicht, ihre eigene Geschichte. Die moderne Täterforschung spielt eine wichtige Rolle: Menschen haben unter den extremen Bedingungen der NS-Herrschaft unterschiedliche Entscheidungen getroffen und haben verschieden gehandelt.

Auch unter totalitären Bedingungen haben Menschen unter vergleichbaren Voraussetzungen unterschiedliche Entscheidungen getroffen. Eingeschränkte Handlungsspielräume schränken individuelle Verantwortung ein, heben sie aber nicht auf.

Es ist dieser biographische Ansatz, der unseren Blick öffnet und uns zu einer ernsthaften Auseinandersetzung mit Fragen nach Handlungsspielräumen und individueller Verantwortung anregt. Fragen, die auch für uns heute größte Relevanz haben. Das ist unbequem und manchmal auch anstrengend. Denn letztlich führen diese Fragen zu uns und unserer Verantwortung für unser Verhalten. Das ist ein Kernthema jeder demokratischen politischen Bildung. Hier erfüllen Gedenkstätten einen unverzichtbaren Bildungsauftrag.

Um Handlungsweisen zu beurteilen, ist es notwendig, den jeweiligen Handlungskontext zu einem bestimmten Zeitpunkt zu rekonstruieren. Persönliches Handeln verschiedener Menschen kann nur dann miteinander verglichen werden, wenn sie im selben Handlungskontext über vergleichbare Handlungsoptionen verfügten. Selbstverständlich hatten die sogenannten „Volksgenossen" wesentlich andere und deutlich mehr Handlungsoptionen als Verfolgte.

Unterschiedliche Entscheidungsvoraussetzungen und individuelle Spielräume ermöglichen eine differenzierte Sicht auf das Handeln der Beteiligten. So wird eine multiperspektivische Auseinandersetzung mit Tätern, Opfern und Zuschauern möglich.[1]

Die musealen und pädagogischen Konzepte der Gedenkstätten basieren auf seriöser Recherche und empirischer Forschung. Gedenkstätten sind zu forschenden zeithistorischen Museen geworden, die die überlieferten Objekte wissenschaftlich untersuchen, sie als forensische Belege der Verbrechen analysieren und nach den Funktionszusammenhängen der Objekte und baulichen Überreste fragen. Aktuelle Ausstellungen wollen nicht mehr belehren, sondern Kommunikationsanlässe schaffen.

Als außerschulische Bildungseinrichtungen verzichten sie dezidiert auf vorgefertigte moralische und politische Botschaften, die aus der Geschichte zu lernen seien. Sie stützen sich auf die Sachlichkeit quellenbasierter Informationen und auf gründlich untersuchte, überlieferte

---

1 Wesentliche Anstöße gingen von der „neuen Täterforschung", insbesondere von Christopher Brownings bahnbrechender Studie „Ordinary Men", aus, deutsch: Christopher Browning, Ganz normale Männer, Reinbek bei Hamburg 1999. Siehe auch: https://www.land.nrw/de/pressemitteilung/25-jahre-nach-ordinary-men-holocaustforscher-christopher-r-browning-muenster-fuer
Wichtige Impulse für eine multiperspektivisch orientierte Praxis der Gedenkstätten gehen bis heute von der langjährigen Kooperation der International School for Holocaust Studies/Yad Vashem mit den NS-Gedenkstätten in Nordrhein-Westfalen aus.

Objekte. Sie emotionalisieren nicht und fordern keine Betroffenheit, bieten aber die Grundlage für eigene moralische und ethische Bewertungen.

Damit folgt eine zeitgemäße Gedenkstättenarbeit den üblichen Anforderungen an eine demokratieorientierte politische Bildung und an historisch-politisches Lernen: NS-Gedenkstätten und -Erinnerungsorte arbeiten genau wie „klassische" Anbieter außerschulischer politischer Bildung nach dem Kontroversitätsgebot und dem Überwältigungsverbot des Beutelsbacher Konsenses.

Das bedeutet keineswegs, Gefühle von den NS-Gedenkstätten und -Erinnerungsorten fernzuhalten. Selbstverständlich kann die Auseinandersetzung mit Zeugnissen und Artefakten von Menschheitsverbrechen verschiedenste Gefühle und Betroffenheit auslösen – sie können aber weder verordnet noch normiert werden. In jedem Fall bieten sie einen Anlass, sich mit dem Geschehen, seinen Rahmenbedingungen und dem konkreten Handeln und Entscheiden der Beteiligten auseinanderzusetzen.

Orte offener gesellschaftlicher Auseinandersetzung und Verständigung

In Gedenkstätten, in deren Räumen oder auf deren Gelände Menschen ermordet wurden, oder dort, wo Friedhöfe in deren Arbeit einbezogen sind, gelten aus Respekt vor den Opfern besondere Verhaltensregeln. Damit verbunden ist ein humanitärer Auftrag: die Betreuung der Opfer und der zunehmenden Anzahl der (nachforschenden) Angehörigen und Verwandten der nachwachsenden Generationen. Für alle anderen Bereiche gilt: Gedenkstätten sind Orte offener gesellschaftlicher Auseinandersetzung. Positionen und Haltungen insbesondere junger Menschen haben in Gedenkstätten einen Anspruch darauf, ernst genommen zu werden.

In der politischen Debatte wird Gedenkstätten oft generell ein positiver Effekt für Menschenrechtsbildung, Demokratieerziehung und bei der Prävention gegen Rechtsextremismus zugeschrieben. Worin gerade die Hauptaufgabe liegen soll, unterliegt „konjunkturellen" Schwankungen. Selten findet man jedoch Ausführungen darüber, auf welche Weise eine dieser Wirkungen erzielt wird oder erzielt werden soll. Oft wird implizit unterstellt, dass aus der Konfrontation mit den Verbrechen der Nazis spontane Läuterungseffekte entstehen.[2]

Fachleute aus Gedenkstätten und Wissenschaft haben an solchen Zuschreibungen berechtigterweise große Zweifel. Dagegen gehört es zum professionellen Selbstverständnis von Gedenkstättenmitarbeitern sicherzustellen, dass es Raum für Debatten und für unterschiedliche Haltungen gibt.

So lässt sich auf demokratische Weise viel über zutiefst undemokratische Zustände lernen. Am konkreten historischen

---

2   Dazu: Christa Schikorra, Gedenkstättenpädagogik heute. Eine Einleitung in fünf Stimmen, in: dies./Elke Gryglewski/Verena Haug/Gottfried Kößler/Thomas Lutz (Hrsg.): Gedenkstättenpädagogik. Kontext, Theorie und Praxis der Bildungsarbeit zu NS-Verbrechen, Berlin 2015, S. 9–19, S. 12.

Material lässt sich nachvollziehen, was passieren kann, wenn man Gruppen von Menschen alle Rechte nimmt. Die Frage nach der individuellen Verantwortung jeder und jedes Einzelnen ist das Leitmotiv von Ausstellungen und pädagogisch-didaktischer Arbeit in den Gedenkstätten. Aus der Arbeit am historischen Material stellen sich in der Regel eine Vielzahl von grundlegenden ethischen und politischen Fragen. Die Frage „Wie hätte ich gehandelt?" schwingt immer mit. Wir alle können diese Frage nicht beantworten! Aber sie schafft Ernsthaftigkeit, gerade bei jungen Leuten. Und sie legt eine Grundlage für reflexives Geschichtsverständnis.

Gegenwärtig sehen wir durch antiliberale populistische und antidemokratische Haltungen und Äußerungen große Herausforderungen für die Demokratie. Um diese zu bewältigen, können Gedenkstätten als Orte der Verständigung über unser gemeinsames Selbstverständnis und die Grundlagen des Zusammenlebens einen entscheidenden Beitrag leisten.

Erinnerungskultur und -politik in Nordrhein-Westfalen

Die NS-Gedenkstätten und -Erinnerungsorte werden in Nordrhein-Westfalen ausschließlich in lokaler Verantwortung betrieben, d. h., sie befinden sich in kommunaler oder freier Trägerschaft. Eine staatliche NS-Gedenkstätte gibt es in Nordrhein-Westfalen nicht. Zurzeit gibt es – über das ganze Land Nordrhein-Westfalen verteilt – 29 NS-Gedenkstätten und -Erinnerungsorte, die sich im Arbeitskreis der NS-Gedenkstätten und -Erinnerungsorte in NRW zusammengeschlossen haben. Das Spektrum reicht von einem großstädtischen NS-Dokumentationszentrum am ehemaligen Sitz der örtlichen Gestapo mit einem Millionenetat, das, was Besucherzahlen und wissenschaftliches und pädagogisches Personal, Tiefe des Forschungsprogramms und Vielfalt der Angebote angeht, mit mancher bundesweit bekannten KZ-Gedenkstätte problemlos mithalten kann, bis hin zu einer kleinen, rein ehrenamtlich betriebenen Gedenkstätte im Haus einer über viele Generationen im Dorf lebenden jüdischen Familie, die sich ganz dieser Familiengeschichte widmet.

Alle diese Gedenkstätten gehen auf bürgerschaftliche Initiativen zurück. Ohne ein vielfältiges ehrenamtliches Engagement und ohne die finanzielle Unterstützung der Kommunen könnte keine dieser Gedenkstätten dauerhaft existieren. Diese lokale Verantwortung für die Gedenkstätten sichert in Nordrhein-Westfalen eine vielfältige, von bürgerschaftlichem Engagement und vom politischen Willen vor Ort getragene Erinnerungskultur.

Die Landesregierung begrüßt und würdigt ausdrücklich die Verantwortung, das Engagement und die Leistungen von Bürgerinnen und Bürgern, von Vereinen und Kommunen. Die Förderung der Gedenkstätten durch die Landeszentrale für politische Bildung fußt auf dem Grundsatz, lokale Verantwortung und lokales Engagement zu stärken. 29 Gedenkstätten und Erinnerungsorte lassen sich nicht zentral steuern.

Diesem Grundsatz folgend, wurde im Jahr 2013 die Projektförderung des Landes für Gedenkstätten mit dem Ziel neu strukturiert, die Gedenkstätten dauerhaft abzusichern. Die wichtigste Neuerung war, die klassische Projektförderung um eine jährlich gezahlte Grundförderung zu ergänzen. Seit dem Jahr 2019 stehen für diesen Zweck im Haushalt des Ministeriums für Kultur und Wissenschaft insgesamt gut 1,8 Millionen Euro zur Verfügung. In der laufenden Legislaturperiode sind diese Mittel um rund 300.000 Euro erhöht worden.

Wenn man sich auf konkrete Problemstellungen der einzelnen Gedenkstätten vor Ort einlässt, kann man feststellen, dass es oft nicht darum geht, große Fördersummen im Land zu verteilen, sondern passgenaue Förderformate zu entwickeln. Gerade dort, wo es nötig ist, kann es schwierig sein, dem Anspruch auf mehr strukturelle Absicherung gerecht zu werden. Deshalb will die Landesregierung ihre Förderpolitik weiter ausdifferenzieren. Denn in Kommunen unter Haushaltssicherung ist der Abschluss eines jeden unbefristeten Arbeitsvertrages sehr schwierig. Dabei ist aber gerade die Entwicklung einer anspruchsvollen Bildungsarbeit auf eine personelle Kontinuität der pädagogischen Mitarbeiter angewiesen. Hier gilt es mit allen Verantwortlichen an die Verhältnisse vor Ort angepasste Lösungen zu finden.

Die Landesförderung hat sich in den letzten zehn Jahren dynamisch entwickelt. Das gestiegene Engagement des Landes hat an keiner Stelle zu einem komplementären Rückzug einer Kommune geführt, im Gegenteil, auch die Kommunen haben ihr Engagement eher ausgeweitet. Die Kommunen tragen nach wie vor die Hauptlast der Finanzierung. Die subsidiäre Struktur der Gedenkstättenarbeit in Nordrhein-Westfalen hat sich bewährt.

Insgesamt wird der Eindruck geteilt, dass sich zwischen Trägern, Kommunen und dem Land ein konstruktives Miteinander entwickelt hat. In einigen Fällen waren während der Gedenkstättenbesuche erste Absprachen zur Finanzierung von profilbildenden bzw. Nachhaltigkeit stärkenden Maßnahmen möglich.

Dankenswerterweise engagieren sich beide Landschaftsverbände und die NRW-Stiftung zunehmend in der Unterstützung der Gedenkstätten. Das bedeutet nicht nur mehr Geld, sondern auch mehr Kompetenz, beispielsweise bei archäologischen, musealen, konservatorischen oder archivarischen Fragestellungen. Ohne den Landschaftsverband Rheinland wäre ein grenzübergreifendes Ausstellungs- und Bildungsprojekt von der Größenordnung der NS-Dokumentation Vogelsang nicht möglich gewesen. Heute ist der LVR der größte Gesellschafter der Betreibergesellschaft „Vogelsang IP gGmbH" und sichert so langfristig Bestand und Entwicklungsfähigkeit. So ist Vogelsang in sehr kurzer Zeit zu einem der meistbesuchten NS-Erinnerungsorte in Nordrhein-Westfalen geworden.

Der Landschaftsverband Westfalen-Lippe hat seine Museumsförderung für Gedenkstätten geöffnet und bietet seit diesem Jahr in Abstimmung mit der Landeszentrale für politische Bildung spezielle Programme für Gedenkstätten an.

Der Vielfalt der Gedenkstätten steht eine Diversität der öffentlichen Unterstützer gegenüber. Um auf Dauer die Vorteile von Subsidiarität und Kooperation zu sichern, bedarf es regelmäßiger Konsultation und Abstimmung. Das Land sieht sich hier in der Verantwortung und will seinen Beitrag hierzu leisten.

Ich bin überzeugt, dass sich Erinnerungslandschaft und Förderung im Zusammenspiel von Kommunen, Landschaftsverbänden, der NRW-Stiftung, dem Land und engagierten Bürgern weiter dynamisch entwickeln werden.

Zweifacher Generationswechsel

Seit vielen Jahren sind immer wieder Stimmen zu hören, die besorgt danach fragen, was wohl aus der Erinnerungsarbeit im Lande nach dem endgültigen Abtreten der Zeitzeugen werden mag.

Es ist erfreulich festzustellen, dass die Gedenkstätten dabei sind, zwei gravierende Generationswechsel zu bewältigen. Die Generation der Zeitzeugen, die Herrschaft und Verfolgung des NS-Regimes noch bewusst erlebt hat, ist heute hochbetagt. Die Wahrscheinlichkeit, einen Zeitzeugen beim Besuch einer Gedenkstätte zu erleben, ist heute sehr gering, aber die Gedenkstätten haben sich auf die Zeit nach den Zeitzeugen erkennbar gut vorbereitet. Offensichtlich haben sich die meisten Gedenkstätten mit der Frage auseinandergesetzt, wie ein angemessenes Erinnern im 21. Jahrhundert aussehen könnte, das nicht mehr auf die Wirkung und moralische Autorität der Zeitzeugen setzen kann. Die „traditionsreichen" älteren Gedenkstätten haben ihre Ausstellungen überarbeitet und neue pädagogische Konzepte erprobt. Jüngere Erinnerungsorte haben davon profitiert und gehen vielfach neue Wege. Aktuelle Ausstellungen in den Gedenkstätten wollen nicht belehren, sondern Kommunikationsanlässe schaffen. Das war und ist Anlass, neue Ausstellungs- und Vermittlungsformate zu entwickeln und zu erproben.

Der Generationswechsel betrifft aber auch die Leitungsebene, denn die Generation der – oft oder zunächst ehrenamtlichen – Initiatoren der Gedenkstätten und der prägenden Persönlichkeiten der Aufbauphase geht in den Ruhestand. Es gilt, die Leitungsaufgaben einer neuen, jüngeren Generation zu übertragen. Das gilt natürlich für die inhaltliche Arbeit in gleicher Weise.

Wie die Entwicklung der über Jahre steigenden Besucherzahlen zeigt, ist die Staffelübergabe auf einem guten Weg.

Die in dieser Schrift (und Ausstellung) vorgestellten Objekte bieten einen plastischen Einblick in die Arbeit der Gedenkstätten. Sie stehen auch für Grundsätze einer zeitgemäßen Gedenkstättenarbeit. Um die Gegenstände „zum Sprechen zu bringen", bedurfte es vielfach umfangreicher Recherche und historischer Forschung. In den Ausstellungen funktionieren sie als Gesprächsanlässe und provozieren konkrete Fragen der Besucher. Damit bieten sie wichtige Anstöße für eine offene Bildungsarbeit der Gedenkstätten.

Abschließend möchte ich allen Mitarbeiterinnen und Mitarbeitern in den Gedenkstätten und Erinnerungsorten herzlich für ihren Einsatz und ihr Engagement danken. Ohne sie wäre die vielfältige Gedenkstättenlandschaft in Nordrhein-Westfalen nicht denkbar. Ich möchte genauso herzlich dem Arbeitskreis der NS-Gedenkstätten und -Erinnerungsorte in Nordrhein-Westfalen für die gute Zusammenarbeit bei den Gedenkstättenbesuchen und bei der Erarbeitung der Ausstellung und des Katalogs danken. Dieser Dank gilt auch den Mitarbeiterinnen und Mitarbeitern der Landeszentrale für politische Bildung, die dieses Projekt mit viel Herzblut und Arbeitseinsatz begleitet haben. Mein besonderer Dank gilt Dr. Hans Wupper-Tewes, dem langjährigen Leiter des Referats Gedenkstättenförderung und Erinnerungskultur. Der Austausch mit ihm hat dieses Projekt überhaupt erst möglich gemacht.

Alfons Kenkmann

Mehr als man kennt – näher als man denkt

Die NS-Gedenkstätten und -Erinnerungsorte in NRW als Werkstätten der Erinnerungs- und Geschichtskultur

Am 15. Januar 2018 wurde mit der Gedenkstätte Brauweiler in Pulheim das jüngste Mitglied in den Arbeitskreis der NS-Gedenkstätten und -Erinnerungsorte in NRW e. V. aufgenommen. Sie ist die 29. Gedenkstätte in unserem Arbeitskreis, der in diesem Jahr sein 25-jähriges Jubiläum feiert, wurde er doch am 17. Februar 1995 in Gelsenkirchen gegründet.

Resonanz auf die Angebote

Wie sehr das Interesse an den 29 NS-Gedenk- und -Erinnerungsstätten in Nordrhein-Westfalen zugenommen hat, belegt ein Blick auf die Besucherinnen und Besucher. Diese sind sehr unterschiedlich in ihren Interessen und haben dementsprechend sehr variierende Wünsche vor Ort: Über die Türschwelle schreiten heute Schülerinnen und Auszubildende, Studienreferendare und Lehrerinnen, Menschen in Polizei- und Verwaltungsberufen, Wissenschaftlerinnen und Geschichtsbummler sowie Kulturinteressierte. Sie zählen zu den 70.000 Menschen im Jahre 2019, die an den 29 Stätten allein Veranstaltungen und erinnerungskulturelle Foren besuchten. Auch weitere quantitative Zugriffe sprechen für sich: Zwischen 2015 und 2019 stieg die Zahl der Besucherinnen und Besucher von 276.000 auf 410.000 Personen an. Dies stellte die Pädagoginnen und Pädagogen vor große Herausforderungen, stieg doch auch die Zahl der verlangten Seminarformate von 730 im Jahre 2015 auf 1.824 im Jahre 2019. Auch nur ein ausschließlicher Blick auf das Jahr 2019 bringt Beeindruckendes zu Tage: Allein 6.600 Führungen wurden gebucht und 3.100 Rechercheanfragen gestellt.

Für die schon etablierten Gedenkstätten erwies sich ein musealer Relaunch in den letzten 15 Jahren als unverzichtbar: Die Befunde verlangten neue museumsdidaktische Konzeptionen und damit eine Überarbeitung der vor zwei bis drei Dekaden entstandenen Ausstellungen, die derzeit nahezu abgeschlossen ist. Ausstellungsrelaunches sind mittlerweile umgesetzt in Bonn, Düsseldorf, Essen, Köln, Lemgo, Wuppertal, Büren (Wewelsburg), Oberhausen, Krefeld, Gelsenkirchen und Münster. Umfassend neu konzeptioniert werden in naher Zukunft die Mahn- und Gedenkstätte Steinwache in Dortmund, die Dokumentationsstätte Stalag 326 in Schloß Holte-Stukenbrock und die Gedenkstätte Bonn. Die NS-Gedenkstätten in Nordrhein-Westfalen entwickeln sich hin zu zeithistorischen Museen, in denen die dreidimensionalen Dingwelten – Objekte und Fundstücke – wesentliche Elemente der Narration werden: Einen exemplarischen Eindruck davon geben etwa in den Dauerausstellungen das Fluchtfahrrad des jüdischen Viehhändlers Ernst Humberg aus Dingden, die Uhr eines in Dortmund ermordeten Zwangsarbeiters, die Zellentür des ehemaligen Polizeigefängnisses Herford sowie der „Stapeldrucker Pelikan Modell 3" des kommunistischen Widerstands in Duisburg.[1] Gleichzeitig wird die Geschichte des zivilgesellschaftlichen Kampfes um die Gedenkstätten vor Ort sowie die Genese der Häuser selbst zum festen Bestandteil der musealen Geschichtserzählung.

Gedenkstätten haben Geschichte

Seit einem Vierteljahrhundert prägen die Mitglieder des Arbeitskreises die lokale und regionale Erinnerungskultur in Nordrhein-Westfalen: Zur Erforschung des politischen Widerstands, der rechtlichen und sozialen Ausgrenzung, der wirtschaftlichen Verdrängung und der physischen Vernichtung der Juden in Westfalen und im Rheinland wie zur Geschichte der NS-Täter haben die Mitarbeiterinnen und Mitarbeiter der NS-Gedenkstätten und -Erinnerungsorte in Nordrhein-Westfalen Wesentliches beigetragen. Auch die Hinwendung zu den Schicksalen der Sinti und Roma, der Deserteure, der Zwangsarbeiter sowie der sogenannten „Asozialen" und Zwangssterilisierten wurde maßgeblich an den lokalen NS-Gedenkstätten initiiert.[2] Gleichzeitig wird im Blick zurück deutlich, wie sehr die in unserer Vereinigung zusammengeschlossenen Gedenkstätten und Erinnerungsorte ihre Existenz vor allem dem Engagement sogenannter „Initiativen von unten" verdanken, in denen sich Laienhistoriker und Angehörige von Verbänden ehemaliger Opfer und Verfolgter mit bürgerschaftlich Engagierten und Alltagshistorikern verbanden.[3]

Erinnert sei in diesem Zusammenhang an die Initiative des Essener Historikers Detlev Peukert, der gemeinsam vor allem mit Ernst Schmidt und weiteren Essener Mitstreitern die Gestaltung der Essener Alten Synagoge zur „städtische[n] Mahn- und Gedenkstätte sowie als historisch-politisches Dokumentationsforum"[4] betrieb, die am 9. November 1980 mit einer Ausstellung unter dem in der Zeit programmatischen Titel „Widerstand

---

1 Einzusehen auf der Website der Landeszentrale für politische Bildung: https://www.politische-bildung.nrw.de/wir-partner/erinnerungskultur/ns-gedenkstaetten-in-28-objekten/ (zuletzt aufgerufen am 14.2.2020).
2 So wurden als gemeinsame Projekte des Arbeitskreises umgesetzt: Jan Erik Schulte (Hrsg.): Konzentrationslager im Rheinland und in Westfalen 1933–1945. Zentrale Steuerung und regionale Initiative, Paderborn/München/Wien/Zürich 2005; Ulrike Schrader/Bastian Fleermann (Hrsg.): Gewalt in der Region. Der Novemberpogrom 1938 in Rheinland und Westfalen, Düsseldorf 2008; Karola Fings/Ulrich Opfermann (Hrsg.): Zigeunerverfolgung im Rheinland und in Westfalen 1933–1945. Geschichte, Aufarbeitung und Erinnerung, Paderborn/München/Wien/Zürich 2012; Karola Fings/Hilde Jakobs (Hrsg.): „Deportiert ins Ghetto". Ausstellungskatalog zur gleichnamigen Wanderausstellung, Köln 2012.
3 Bei der Darlegung der Geschichte der Gedenkstättenlandschaft in Nordrhein-Westfalen folge ich Alfons Kenkmann: Vorwort, in: Arbeitskreis der NS-Gedenkstätten und -Erinnerungsorte in NRW e. V. (Hrsg.): Geschichte in Verantwortung. Gedenkstätten und Erinnerungsorte in NRW, bearb. v. Delia Quack und Ulrike Schrader, 2. überarbeit. und erw. Aufl. 2015, Nachdruck 2017, Düsseldorf 2013, S. 4–7, S. 4–6.
4 Alte Synagoge (Hrsg.): Verfolgung und Widerstand in Essen 1933–1945. Dokumentation zur Ausstellung, Essen 1991, S. 10.

und Verfolgung in Essen 1933–1945" eröffnet wurde.

Ein Jahr später trug dann in Köln das bürgerschaftliche Engagement Früchte. Nach einer heftigen öffentlichen Debatte wurde 1981 der ehemalige Sitz der Kölner Gestapo, das Haus des Kölner Großhändlers Leopold Dahmen (EL-DE-Haus), zur kommunalen Gedenkstätte. Erst sieben Jahre später wurde am gleichen Ort das NS-Dokumentationszentrum zur Erforschung der Geschichte des Nationalsozialismus in Köln eröffnet – mit einer starken wissenschaftlichen Forschungsausrichtung bis heute.

1982 eröffnete der Kreis Paderborn auf der Wewelsburg bei Büren eine Präsentation, die die zwölfjährige Nutzung der Burg durch die SS und die Geschichte des Konzentrationslagers Niederhagen thematisierte, dessen Häftlinge beim von Himmler beauftragten Ausbau der Wewelsburg zur SS-Kultstätte derart geschunden wurden, dass 1.200 von ihnen ihr Leben verloren. Mit der Errichtung einer ersten provisorischen Gedenkstätte in Bonn entwickelte dort eine bürgerschaftliche Initiative bereits im Jahre 1984 einen Vorläufer der späteren Ausstellung „Bonn in der NS-Zeit – Verfolgung und Widerstand", die später in neuen Räumen des „Vereins an der Synagoge" präsentiert wurde. Wiederum im Rheinland war es dann im Jahre 1987 die Stadt Düsseldorf, die in Räumen, die 1933/34 das Polizeipräsidium beherbergten, eine Mahn- und Gedenkstätte errichtete. Ein Jahr später folgte – dieses Mal in Westfalen – die Eröffnung der Dokumentations- und Begegnungsstätte Frenkel-Haus in Lemgo im früheren Wohn- und Geschäftshaus der jüdischen Familie Frenkel.

Die Orte, an denen die Gedenkstätten in den 1980er Jahren errichtet wurden, verdeutlichen, dass es ihren Streitern um ein Gedenken an die Opfer der NS-Zeit am authentischen Ort ging. Die Aura des Ortes als Ort erfahrenen Leids von NS-Verfolgten und NS-Opfern war und ist bis heute zentraler Bestandteil der kommunalen Erinnerungs- und Gedenkarbeit.

In den 1990er Jahren erhielt dann die nordrhein-westfälische Gedenklandschaft einen zusätzlichen Schub. 1992 wurde die Mahn- und Gedenkstätte Steinwache, das ehemalige Polizeigefängnis Dortmund, als Gedenkstätte eröffnet und 1991 in Krefeld die Villa eines rheinischen jüdischen Seidenhändlers, Richard Meerländer. 1992 wurden die Alten Synagogen in Selm-Bork und Drensteinfurt wieder zugänglich gemacht, und noch im gleichen Jahr begann das Jüdische Museum Westfalen in Dorsten mit einem „Lehrhaus für jüdische Geschichte und Religion" seine institutionalisierte Arbeit. Das jahrelange bürgerschaftliche Engagement Wuppertaler Bürgerinnen und Bürger vor allem aus kirchlichen Kreisen mündete 1994 in der Eröffnung der „Begegnungsstätte Alte Synagoge Wuppertal". Sie ist Beleg für die Anbindung an christlich-theologische Initiativen, die um Ankerwörter wie Buße, Schuldbekenntnis und Sühnezeichen kreisten. In Gelsenkirchen führte die Initiative des Rates der Stadt Gelsenkirchen zur Errichtung der Dokumentationsstelle „Gelsenkirchen im Nationalsozialismus" am ehemaligen Sitz der Ortsgruppenleitung Buer-Erle. Die Gelsenkirchener Gedenk- und Erinnerungsbemühungen zählten neben den angesprochenen kirchlichen zum zweiten Strang der historischen Erinnerungsakteure, die dem sozialdemokratischen und kommunistischen Milieu nahestanden. Jahre später führte erneut bürgerschaftliches Engagement zur Eröffnung des Aktiven Museums Südwestfalen in Siegen.

In Münster öffnete 1999 der Geschichtsort Villa ten Hompel in den Räumlichkeiten des ehemaligen Befehlshabers der Ordnungspolizei für den Wehrkreis VI (1940 bis 1944) und des Dezernats für Wiedergutmachung für politisch, religiös und rassisch Verfolgte (1954 bis 1968) beim Regierungspräsidenten in Münster seine Türen, der vor allem die Täter- und Bystander-Problematik in Polizei- und Verwaltungsberufen erforscht und in pädagogischen Bildungsprogrammen aufgreift.

Später folgten noch die Dokumentationsstätten Stalag (Stalag = Stammlager) 326 in Stukenbrock und Stalag VI A in Hemer sowie die Geschichtswerkstatt Französische Kapelle e.V., die sämtlich an authentischen Orten an die Kriegsgefangenen während des Zweiten Weltkriegs erinnern, und die Gedenkstätte „Landjuden an der Sieg" des Rhein-Sieg-Kreises. Hinzu kamen in den letzten Jahren ein Gedenkort für die lokalen jüdischen Opfer in Petershagen, der „Lernort Jawne" in Köln, der Geschichtsort Humberghaus in Hamminkeln-Dingden und die „Gedenkstätte Zellentrakt im Herforder Rathaus". Mit der im Frühjahr 2015 vollzogenen Aufnahme des Erinnerungs- und Lernortes Vogelsang auf dem ehemaligen Gelände der NS-Ordensburg im äußersten Westen Nordrhein-Westfalens in der Eifel wurde der Arbeitskreis um einen zusätzlichen Lernort zur NS-Täterschaft erweitert. Mit dem Erinnerungsort Alter Schlachthof Düsseldorf und dem Zentrum für Erinnerungskultur, Menschenrechte und Demokratie in Duisburg stehen zwei weitere Gedenkstätten unmittelbar vor der institutionellen Aufnahme in unseren Arbeitskreis. Nächste Anwärter sind der Nordbahnhof Bochum als ehemalige Verschiebestation für Juden und Zwangsarbeiter und der Stollen im Jakobsberg des ehemaligen KZ-Außenlagers des KZ Neuengamme in Porta Westfalica.

Die Erinnerungslandschaft in Nordrhein-Westfalen zeichnet sich also anders als die Brandenburgs und Thüringens durch eine äußerst dezentrale Struktur aus[5], die auch mit Hilfe eines vom Arbeitskreis der Gedenkstätten gemeinsam mit der Landeszentrale für politische Bildung abgestimmten Förderprogramms des Landes Nordrhein-Westfalen eine entsprechend vielfältige und binnendifferenzierte historisch-politische Praxis entfaltet.

---

5   Alfons Kenkmann: Fokussierung oder Vielfalt? Aktuelle Diskussionen um die Struktur der NS-Gedenkstätten – Berlin und Nordrhein-Westfalen im Vergleich, in: Katrin Hammerstein/Ulrich Mählert/Julie Trappe/Edgar Wolfrum (Hrsg.): Aufarbeitung der Diktatur – Diktat der Aufarbeitung? Normierungsprozesse beim Umgang mit diktatorischer Vergangenheit, Göttingen 2009, S. 59–69, S. 66.

Kontinuitäten und Konjunkturen historisch-politischer Bildungsarbeit heute und morgen

Heute, nach über 40 Jahren Gedenkstättenarbeit in Nordrhein-Westfalen, aber auch großer Erfahrung mit der „Kundschaft" an den Erinnerungs- und Gedenkorten, erfreuen sich die Orte großer politischer Akzeptanz. Dies war in den 1970er und 1980er Jahren anders, als wenige Initiativen und Akteure mit überschaubarem gesellschaftlichen Rückhalt die Erinnerung an die NS-Zeit vor Ort einforderten. Dies hatte auch Auswirkungen auf die an den frühen Orten entwickelten pädagogischen Konzepte, die sukzessive aus der Praxis hervorgingen – in Orientierung an den gemachten Erfahrungen der Aktivisten und Aktivistinnen in der Praxis vor Ort und aufbauend auf deren lebensgeschichtlichen Prägungen und politisch-gesellschaftlichen Intentionen.

Da heute aber die „Geschichte und besonders die des ‚Dritten Reichs' ... [zu] eine[r] begehrte[n] Ressource [geworden ist], um die viele Akteure", auch jene aus politischen und Bildungskontexten, „mit sehr unterschiedlichen Interessen konkurrieren"[6], wird die Erwartungshaltung der Öffentlichkeit, die Gedenkstätten würden es im Kampf gegen erinnerungskulturelle Fake News, die anwachsende Demokratiefremdheit und rechten Extremismus schon mit ihren pädagogischen und erinnerungskulturellen Konzepten richten, zu einem Bumerang für die Gedenkstätten selbst. Zum Teil werden die Gedenkstätten, die von der Peripherie in das „Zentrum der Geschichtskultur" (Detlef Garbe) vorgedrungen sind, zu Getriebenen der ihnen vielfach vor Ort aufgetragenen Erinnerungs- und Gedenkrituale.[7] Sie sind in der geschichtspolitischen Wahrnehmung zur „eierlegenden Wollmilchsau" mutiert.

Aktuell fördern die Landeszentralen für politische Bildung vor allem Projekte, die Konzepte zur Bildungsarbeit für junge Menschen mit Flucht-, Vertreibungs- und/oder Gewalterfahrung gerade an jenen Orten entwickeln, die direkt an Verfolgung und Terror erinnern. Die Hoffnung dabei ist, „die ‚divided memories' der verschiedenen nationalen Gruppen in gemeinsame ‚shared memories' zu überführen"[8]. Ob diese Vorgabe sinnvoll ist und wie dieses Unterfangen gelingen soll, wird weiter diskutiert werden müssen.

Daneben steht über vielen Projekten seit der Jahrtausendwende die Frage nach

---

6 Ulrike Jureit: Vom Zwang zu erinnern, in: Merkur, 61. Jg. (2007), H. 2, S. 158–163, S. 162. Siehe auf musealem und Sammlungsterrain auch die Bemühungen des United States Holocaust Museum Washington, durch Aufrufe in deutschen lokalen und regionalen Tageszeitungen an Dokumente und Objekte von Holocaustopfern wie auch NS-Tätern zu gelangen.
7 Detlef Garbe: Von der Peripherie ins Zentrum der Geschichtskultur. Tendenzen der Gedenkstättenentwicklung, in: Bernd Faulenbach/Franz-Josef Jelich (Hrsg.): Asymmetrisch verflochtene Parallelgeschichte? Die Geschichte der Bundesrepublik und der DDR in Ausstellungen, Museen und Gedenkstätten, Essen 2005, S. 59–84.
8 Patrick Ostermann: Wie erfahrene Ausgrenzung transnationales Geschichtsbewusstsein schuf – Jüdische Intellektuelle als idealtypische Grenzgänger, in: Michael Sauer/Charlotte Bühl-Gramer/Anke John/Alfons Kenkmann/Astris Schwabe (Hrsg.): Geschichte im interdisziplinären Diskurs. Grenzziehungen, Göttingen 2016, S. 243–259, S. 256.

dem Umgang mit dem Ende der Zeitzeugenschaft. Das Besondere der aktuellen Projekte besteht darin, Jugendliche Zeitzeugenbiographien erforschen zu lassen und sie damit zu „Zweitzeugen" zu machen. Die Gedenkstätten tun gut daran, den Zeitzeugen nicht in Zukunft durch das Arbeitsblatt zu ersetzen. Die Entwicklung vom Augenzeugen über den Zeitzeugen hin zum Zweitzeugen und nun auch zu einer „interaktiven und Dialog simulierenden 3D-Hologrammtechnik"[9] gilt es in laufenden Schülerprojekten kritisch zu verfolgen.

Ein Überblick über „Moden" der historisch-politischen Bildungsarbeit an Gedenkstätten kann auch den Veranstaltungsprogrammen von Weiterbildungsträgern entnommen werden. Ein Blick auf die alljährlich von dem Bildungsträger Humanistische Union veranstalteten „Werkstätten" zu „Geschichtsarbeit und historisch-politischem Lernen zum Nationalsozialismus"[10], insbesondere die im Programm dort fest installierte „Projektebörse"[11] über den Zeitraum von nahezu 20 Jahren zwischen 1998 und 2016, unterstreicht, dass Projektarbeit mit Schülerinnen und Schülern eher selten im partizipativen Sinne umgesetzt wurde.

Außerdem wurden kontinuierlich technische Neuerungen und Entwicklungen als Anlass genutzt, um neue Projekte zu initiieren. Dazu gehören nicht nur Online-Portale, sondern mittlerweile auch viele Anwendungen für mobile Geräte, die die Ausstellungen der Gedenkstätten virtuell erweitern. Zudem verzeichnen Apps wie der „Stolpersteine-Guide" Erinnerungsorte in virtuellen Karten. Da es sehr beliebt ist, für die Eigenpräsentation von zeitgeschichtlich kontaminierten Orten auf Medienunterstützung zurückzugreifen, haben mittlerweile historisch-politische oder erinnerungskulturelle Bildungsofferten im Internet eine weitaus größere Präsenz als klassische wissenschaftliche oder publizistische Formate.

Herausforderung durch die zukünftigen Adressaten

Eine der Herausforderungen wird bleiben, wie viel Geschichte – oder anders ausgedrückt „wie viel an historischer Kompetenz" – junge und heranwachsende Migrantinnen und Migranten brauchen bzw. ihnen verpflichtend zugemutet werden kann.

Alle Asylbewerber und Einbürgerungswilligen werden vom Bundesamt für Migration und Flüchtlinge (BAMF) dazu verpflichtet, einen 100-stündigen Orientierungskurs zu besuchen, der Grundlagen der deutschen Kultur, Gesellschaft und Geschichte vermitteln soll.

---

9   Vgl. Christina Isabel Brüning: Hologramme von Überlebenden in einer sich diversifizierenden Gesellschaft?, in: Totalitarismus und Demokratie, 15. Jg. (2018), H. 2, S. 219–232, S. 220.
10 Für die Zurverfügungstellung der Daten bin ich Dr. Norbert Reichling, Essen, zu Dank verpflichtet.
11 Die „Projektebörse" fokussierte „Pläne, Kurzberichte und Nachrichten aus Vereinen, Gedenkstätten, Museen, politischer Bildung, Initiativen und Geschichtswerkstätten", vgl. exemplarisch den Flyer der „Werkstatt" mit dem Schwerpunktthema „Vermittlungsarbeit an geschichtlichen Orten", Wuppertal, 19.–21. November 2009. Nur für das Jahr 2009 fehlt die Liste der einzelnen auf der „Projektebörse" vorgestellten Unternehmungen.

20 Unterrichtseinheiten (= 20 Stunden) entfallen dabei unter dem Rahmenthema „Geschichte und Verantwortung" auf den Geschichtsunterricht und bieten eine Begegnung mit den Feldern deutscher Geschichte. Vier Themen sollen möglichst unter biographischen Zugängen und mit regionalgeschichtlichen Bezügen behandelt werden: „Deutschlandbilder", „Der Nationalsozialismus und seine Folgen", „Deutsche Geschichte von der Teilung bis zur Wiedervereinigung" und „Europäische Integration". In sechs Unterrichtseinheiten soll das Thema „Der Nationalsozialismus und seine Folgen" behandelt werden. Hierzu zählen die Ankerthemen „Rassismus, Antisemitismus, Antiziganismus, Führerprinzip, Gleichschaltung, Holocaust, Volksgemeinschaft sowie die Ausdehnung des Reiches durch Krieg".[12]

Das historische Modul hat zum Ziel, die Verantwortung für Demokratie und Menschenrechte zu fördern, und soll bei der Einordnung und Bewertung von politischen und gesellschaftlichen Themen helfen. Damit „wird [der] Geschichtsvermittlung die Funktion zugeschrieben, Fremden eine Integrationshilfe bei der Orientierung in einer neuen Gesellschaft zu sein"[13].

Durch die regionalgeschichtliche Prämisse und die erinnerungspolitische Fanfare „Geschichte und Verantwortung" wird der Besuch einer NS-Gedenkstätte für junge Migrantinnen und Migranten nahezu obligatorisch und bringt neue Herausforderungen mit sich. Erleichtert aber ein Durchschuss an deutscher Gewaltgeschichte ihre Integration?

Eine Beantwortung steht unverändert aus. Vielleicht hilft ein soziologischer Rückgriff weiter – wie ihn der 1938 aus Österreich in die USA exilierte Soziologe Alfred Schütz vornahm:

Laut Schütz ist ein Fremder „ein Erwachsener unserer Zeit und Zivilisation, der von der Gruppe, welcher er sich nähert, dauerhaft akzeptiert oder zumindest geduldet werden möchte"[14]. Als hervorragendstes Beispiel nennt er den Immigranten. Dieser ordne „die Welt nach der Relevanz seiner Handlungen, wobei er an jenem Ausschnitt besonders interessiert [sei,] ... den er für sein Alltagsleben [benötige] ..."[15]. Ausgehend von diesem Muster stelle „der Fremde die Kultur- und Zivilisationsmuster des anderen Landes infrage. [...] Bestenfalls könne er die Gegenwart und die Zukunft des Gastlandes teilen"[16].

Vor diesem Hintergrund müssten nicht nur die zumeist frontal vermittelten Geschichtsmodule in den Integrationskursen besonders aufmerksam studiert werden, sondern ebenso die Konzepte der Bildungsarbeit mit Migrantinnen

---

12 Sophia Tölle: Fremde Geschichte. Über die Funktion der Geschichtsvermittlung im Orientierungskurs des Bundesamtes für Migration und Flüchtlinge, unveröffentlichte Bachelor-Arbeit, Leipzig 2017, S. 25.
13 Ebd., S. 24.
14 Alfred Schütz: Der Fremde. Ein sozialpsychologischer Versuch, in: ders.: Gesammelte Aufsätze. Bd. 2: Studien zur soziologischen Theorie, Den Haag 1972, S. 53–69, S. 53.
15 Ebd., S. 57.
16 Schütz, zit. nach Ostermann.

und Migranten unterschiedlicher Generationen an den Gedenkstätten vor Ort.[17] Integrationspolitisch ist der Besuch einer NS-Gedenkstätte gewünscht, doch stellt sich die berechtigte Frage, ob den jungen Flüchtlingen nach ihrer Fluchterfahrung auch noch der Holocaust auf die Schultern gepackt werden sollte.

Transnationale Begegnungen

Zunehmen wird in der Zukunft die bi- und transnationale Zusammenarbeit. Dies gilt für die Ebene der professionellen Gedenkstättenmitarbeiter und Gedenkstättenmitarbeiterinnen selbst, die bisher besonders auf nordrhein-westfälischer Ebene mit den Kolleginnen und Kollegen aus Israel, Polen und Griechenland in Austausch über erinnerungskulturelle Fragen sowie pädagogische Offerten getreten sind. Aber ebenso für den Besuch bi- bzw. trinational zusammengesetzter Schülergruppen in unseren Häusern. Doch das geschichtspolitische Oktroyieren einer europäischen Erinnerungskultur von oben hat seine Tücken im Gedenkstättenalltag: Wie sollen sich transnational gemischte Schülergruppen auf Augenhöhe an unseren Gedenkstätten austauschen, wenn ihr Lernhintergrund völlig disparat ausfällt und sie völlig unterschiedliche Kenntnisse über die NS-Gewaltherrschaft im Europa der 1940er Jahre mitbringen? Heute ist an den Gedenkstätten der Besuch bi- bzw. trinational zusammengesetzter Schülergruppen (Deutsche, Polen, Franzosen, Italiener, Israelis) eine gern gesehene Begegnung. Doch den pädagogischen Anforderungen eines Erinnerns in europäischer Perspektive bzw. dem Anspruch der Vermittlung von historischer Kompetenz können sie kaum gerecht werden: Dennoch wird der transnationalen Offerte die Zukunft gehören – auf sie gilt es sich auch von gedenkpädagogischer Seite einzustellen.

Durch die Transnationalität des Zugriffs und der Adressaten wird wiederum die Tendenz zur Universalisierung der Erinnerung an den Holocaust zunehmen. Von daher wird es unverzichtbares Ansinnen der Bildungsarbeiter und Bildungsarbeiterinnen in Gedenkstätten bleiben müssen, auf der Konkretisierung der lokalen und regionalen Ausprägungen der nationalsozialistischen Gewaltherrschaft und des Holocaust zu beharren – hier sind konkret die Anforderungen der Sach-, Urteils- und Interpretationskompetenz gefragt –, um der drohenden Entkontextualisierung in historischen Längsschnittstudien zu entgehen. Der Prozess der Judenvernichtung verlief in Polen eben anders als in Belgien; die Durchdringung der Gesellschaft mit nationalsozialistischen Inhalten im protestantischen Milieu des Bergischen Landes anders als im katholischen Münsterland; die Massenmorde in Darfur finden in einem anderen strukturellen und

---

17 Einen Überblick über die konzeptionellen Entwürfe in diesem Kontext bietet Elke Gryglewski: Anerkennung und Erinnerung. Zugänge arabisch-palästinensischer und türkischer Berliner Jugendlicher zum Holocaust, Berlin 2013, S. 31–52. Zur Herleitung der pädagogischen Arbeit aus der Verknüpfung mit dem „authentischen" Ort siehe Matthias Heyl: Gedenkstättenpädagogik. Herausforderungen ortsgebundener Vermittlung und Verena Haug: Ortsgebundene Vermittlung. Ein Blick auf die Gedenkstättenpädagogik, beide in: Meike Sophia Baader/Tatjana Freytag (Hrsg.): Erinnerungskulturen: Eine pädagogische und bildungspolitische Herausforderung, Köln/Weimar/Wien 2015, S. 143–156 und S. 157–168.

situativen Setting statt als die in der Sowjetunion der frühen 1940er Jahre.

Zudem gilt es zu vergegenwärtigen, dass unter den Bedingungen einer zunehmenden Globalisierung die spezifischen Bildungsangebote einer fortwährenden Überprüfung bedürfen. Der geschichtspolitisch gewünschte Ansatz der Holocaust Education wird hier nicht weiterhelfen, wenn er nicht gar in der Sackgasse endet: Wie sagte doch der Holocaustüberlebende Roman Frister: „Welche Bedeutung haben meine Erfahrungen [von Auschwitz-Birkenau] für ähnliche Situationen in der Zukunft? ... Null. Gar keine. Aus dem einfachen Grund, weil es ähnliche Situationen nicht gibt."[18]

Ausblick: reflektiertes Geschichtsbewusstsein im Kompetenzdschungel

Zu reflektiertem Geschichtsbewusstsein will jeder Pädagoge an einer Gedenkstätte hinführen. Nur: Wie nehmen das die Gedenkstättenbesucher und -besucherinnen in welchem Umfang in ihrem mentalen Rucksack mit nach Hause? Wer überprüft das? Wirkungsgeschichtlich haben wir hier große schwarze Löcher, nicht nur „weiße Flecken"[19]. Ein Fragebogen, zu dessen Ausfüllung – vor und nach dem Besuch der Erinnerungsstätte – konzentrierte 35 Minuten gebraucht werden, wird wenig aussagefähig bleiben, da ab einem bestimmten Zeitpunkt die Lust am Ausfüllen in Gänze verloren gegangen sein dürfte – was sich dann in den hinterlassenen Daten niederschlägt.

Pädagogische Bildung heute kommt nicht ohne die bildungspolitisch von oben vorgegebene Kompetenzorientierung aus. Bei aller Kritik könnte sie vielleicht eines leisten: Wege öffnen, Orientierung geben für den weiteren Lauf der jugendlichen Gedenkstättenbesucher und -besucherinnen in die Welt hinein und hinaus. Dass dabei die Handlungs- und Orientierungskompetenz als zu vermittelnde Kompetenz an Gedenkstätten von besonderer Bedeutung ist, ist offensichtlich. Zur unverzichtbaren Orientierungsleistung von Geschichte zählt das Sensibelmachen für die Instrumentalisierung von Geschichte heute auf der Folie des Damals, zählt doch zum Kern der Kompetenzvermittlung in der historisch-politischen Bildung die „Fähigkeit, das Gelernte für die eigene Orientierung in der Gegenwart wie für die Zukunft zu nutzen"[20]. Darüber hinaus verdient eine stärkere Beachtung der Impuls der Risikokompetenz. Er meint im Sinne des Neurowissenschaftlers Gerd Gigerenzer „die Fähigkeit, auch mit Situationen umgehen zu können, in denen nicht alle Risiken bekannt sind und berechnet werden können"[21]. Also eine zentrale Anforderung an die menschliche Entwicklung im Jetzt. Diese erfordere selbständiges Denken und die Bereitschaft zur Übernahme

---

18   Roman Frister: Die Mütze oder Der Preis des Lebens. Ein Lebensbericht, Berlin 1997, S. 349.
19   Saskia Handro/Bernd Schönemann (Hrsg.): Aus der Geschichte lernen? Weiße Flecken der Kompetenzdebatte, Berlin 2016.
20   Christoph Hamann: Die „staubige Straße der Chronologie". Ein Plädoyer für eine stärkere Subjekt- und Kompetenzorientierung des historischen Lernens, in: Jens Hüttmann/Anna von Arnim-Rosenthal (Hrsg.): Diktatur und Demokratie im Unterricht: Der Fall DDR, Berlin 2017, S. 75–87, S. 80.
21   Gerd Gigerenzer: Risiko. Wie man die richtigen Entscheidungen trifft, 2. Aufl., München 2013, S. 12.

von Verantwortung. Doch setzt dieses Postulat nach kritischem Denken „Wissen voraus. Dazu brauchen wir Mut, den Mut, selbständige Entscheidungen zu treffen und Verantwortung zu übernehmen."[22]

Gigerenzer verknüpft hier die klassische fachwissenschaftliche Aneignung von Wissen mit dem Kompetenzzugriff, verstanden als Fähigkeit, Fertigkeit und Bereitschaft, auch fachliche Probleme zu lösen. Eben diese Risikokompetenz forderte der ehemalige Direktor der Thüringischen Gedenkstättenstiftung, Volkhard Knigge, auch für die pädagogische Arbeit an den Erinnerungs- und Gedenkorten: „Kurz: negatives Gedenken zielt letztendlich auf die Gewahrwerdung der radikalen Unselbstverständlichkeit des (gesellschaftlich) Guten, über dessen Verständnis und Grad an Verwirklichung – etwa als Freiheit, Solidarität, Toleranz, Menschenwürde, Menschenrechte, Demokratie – immer wieder neu, historisch informiert zu sprechen wäre."[23] Oder mit den Worten Reinhart Kosellecks die Forderung nach einer generationsübergreifenden Sensibilisierung, „das Unausdenkliche denken zu müssen, das Unaussprechbare aussprechen zu lernen und das Unvorstellbare vorzustellen [zu] versuchen"[24]. Mit der Herausforderung, sich hier an einer Stelle, der Gedenkstätte, dem „Unausdenkbaren" durch persönliche Annäherung auszusetzen, wird den jungen Besucherinnen und Besuchern nicht wenig zugemutet. Doch ist dies unverzichtbar für ein individuell reflektiertes Aufgestelltsein für den Lauf in die Zukunft. Hierzu können Angebote an Gedenkstätten ihren Beitrag leisten. Sie sollten dabei aber milieuübergreifend konzipiert werden: Der Sekundarschüler aus Essen-Altenessen unternimmt eine Spurensuche zu den subkulturellen Edelweißpiraten der 1940er Jahre; er lernt in einem gemeinsamen Projekt mit der Gymnasiastin des Burggymnasiums in Essen-Mitte. Mit diesem Prozess des „bridging"[25] wird im Gegensatz zu dem des „bonding", der spezifisches Vertrauen nur in sektoralen Milieus schafft, der Transfer zum generalisierten Vertrauen angelegt. Hierin mag eine zentrale Zukunftsaufgabe der didaktischen Angebote an Gedenk- und Erinnerungsstätten in der Zukunft liegen. Dieser letzte Qualitätsschritt könnte durchaus auf der Folie der fremd anmutenden Begegnung mit zeithistorischen Überresten, Dokumenten sowie erfahrungsgeschichtlichen Aufzeichnungen an den nordrhein-westfälischen Gedenk- und Erinnerungsstätten unternommen werden, die unverzichtbar für die Schaffung historischer Orientierung wie auch die Praxis spannenden und fruchtbringenden historischen Denkens ist.

Ob diese innovativen Angebote der historischen Navigation in der Nach-Corona-Zeit aber in gleich hohem Maße

---

22 Ebd., S. 333.
23 Volkhard Knigge: Abschied von der Erinnerung. Zum notwendigen Wandel der Arbeit der KZ-Gedenkstätten in Deutschland, in: GedenkstättenRundbrief, Nr. 100 (2001), S. 136–143, S. 143.
24 Reinhart Koselleck: Formen und Traditionen des negativen Gedächtnisses, in: Volkhard Knigge/Norbert Frei unter Mitarb. v. Anett Schweitzer (Hrsg.): Verbrechen erinnern. Die Auseinandersetzung mit Holocaust und Völkermord, München 2002, S. 21–32, S. 29.
25 Vocational Learning. Innovative Theory and Practice, hrsg. v. Ralph Catts/Ian Falk/Ruth Wallace, Dordrecht u. a. 2011, S. 45.

angenommen werden wie in der letzten Dekade vor Ausbruch der Pandemie, ist offen. Schon jetzt während der akuten Massenerkrankung deutet sich an, dass die NS-Gedenkstätten, die ansonsten mit dem Versprechen der authentischen Geschichtsbegegnung zehntausende Besucherinnen und Besucher anzogen, durch das ausgesprochene Verbot des Besuchs von Schülerinnen und Schülern, Aus- und Fortzubildenden ihres attraktiven Alleinstellungsmerkmals zumindest temporär beraubt sind. In längerer Perspektive ist zudem zu vermuten, dass eher die globalgesellschaftlichen Zukunftsentwürfe die öffentlichen Debatten prägen – und diese werden in deutlich geringerem Ausmaß auf der Folie des Historischen konturiert sein. In diesem Prozess gesellschaftlicher Zukunftsentwürfe wird die historische Bildungsarbeit mit den pädagogischen Angeboten zur künftigen Antipandemiearbeit und reflektierter Gesundheitsvorsorge um die jungen Adressaten konkurrieren. Diesen absehbaren künftigen „Verlust an Geschichte" gilt es an den 29 Gedenk- und Erinnerungsstätten in Nordrhein-Westfalen vor Ort zu antizipieren und mit tragfähigen Bildungsformaten abzuschwächen.

Objektgeschichten

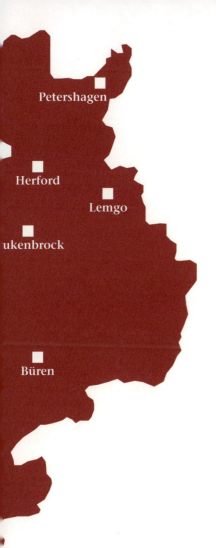

Die NS-Gedenkstätten und -Erinnerungsorte in Nordrhein-Westfalen

Bonn

Zeugnisse der Zerstörung

Zehn bis zu 40 cm hohe und mehrere Kilo schwere Fragmente im Foyer der Gedenkstätte sind Zeugen für eine jüdische Gemeinde in Bonn. Zerschlagen, zerbrochen und verbrannt während des Pogroms am 10. November geben sie auch Zeugnis von den Verbrechen der Nationalsozialisten. Diese Bruchstücke gehörten in die Fassade der 1879 am Standort eines kleineren Vorgängerbaus eröffneten Synagoge am Rheinufer. Sie zeigen künstlerische Details des von Hermann Eduard Maertens in Form einer Basilika entworfenen Bauwerks.

Was erzählt dieses Objekt über das NS-Dokumentationszentrum Bonn?

Die Fragmente verweisen auf die Entstehungsgeschichte der Gedenkstätte. Mitte der 1980er Jahre setzten sich Bonner Bürgerinnen und Bürger dafür ein, dass am historischen Ort statt des geplanten Hotels eine Gedenkstätte entstehen sollte. Sie konnten sich jedoch nicht durchsetzen und auf dem Grundstück am Rhein wurde tatsächlich ein Hotel gebaut. Der in diesem Zusammenhang entstandene Verein schuf die Voraussetzung für eine Gedenkstätte in Bonn, die sich bis heute allerdings noch immer nicht an einem historischen Ort befindet.

Brauweiler

Hinter Gittern

Zwei Zellen, Wand an Wand – in jeder eine Pritsche mit Holzauflage. Durch eine schmale Öffnung in der Außenwand dringt nur wenig Licht in den Kellerraum ein – vergittert, zusätzlich gesichert durch eine Holztür mit von außen zu öffnender Sichtluke. Die erhaltenen Zellenräume im Kellergeschoss des „Frauenhauses" der ehemaligen Arbeitsanstalt Brauweiler geben einen Eindruck von der beengten Unterbringung der Häftlinge.

Was erzählt dieses Objekt über die Gedenkstätte Brauweiler?

Diese Zellen bilden das Herzstück der Gedenkstätte Brauweiler, die 2008 auf dem Gelände des heutigen LVR-Kulturzentrums Abtei Brauweiler eröffnet wurde. Mehr als 1.000 Personen waren in den Jahren 1933 bis 1945 hier inhaftiert, unter ihnen auch Konrad und Auguste Adenauer. Die Dauerausstellung erinnert an die Inhaftierten und dokumentiert zugleich die Geschehnisse dieser Jahre, in denen einzelne Gebäude der Arbeitsanstalt als frühes Konzentrationslager (1933/34) und Gestapo-Gefängnis dienten.

Büren

Demütigende Zebrastreifen

Die Häftlingsjacke aus blau-weiß gestreiftem Baumwolldrillich gehörte Max Schubert, der 1940 in das KZ Niederhagen/Wewelsburg deportiert wurde. Die hohe Häftlingsnummer 13598 verweist darauf, dass Schubert ab 1943 zum Außenkommando Wewelsburg des KZ Buchenwald gehörte. Als Angehöriger der Zeugen Jehovas musste er einen lila Stoffwinkel auf der Brust tragen. Für die Häftlinge war die schadhafte, kratzende Kleidung erniedrigend.

Was erzählt dieses Objekt über die Erinnerungs- und Gedenkstätte Wewelsburg in Büren?

Die Häftlingsjacke stellt in der Dauerausstellung „Ideologie und Terror der SS" ein besonderes Objekt dar, denn nur selten können überlieferte KZ-Kleidungsstücke ihren früheren Besitzern zugeordnet werden. Die Jacke wird mit Erinnerungen von Überlebenden aus dem Lageralltag verknüpft. Die Gedenkstätte zeigt anhand vieler Originalobjekte die Entwicklung und Ideologie der SS und sie ist ein Gedenkort für die Opfer des einzigen KZ auf dem Gebiet des heutigen Nordrhein-Westfalens.

Dingden

Auf der Flucht

Ein alltägliches Fortbewegungsmittel wurde Zeuge einer von Verfolgung und Neuanfängen geprägten Familiengeschichte am Niederrhein: Mit diesem Fahrrad begann 1938 Ernst Humbergs Flucht vor den Nationalsozialisten. Auf zwei Rädern überquerte er die Grenze zu den Niederlanden. Als er mit Frau und Tochter nach Kanada auswanderte, nahm er das Fahrrad mit. Seine Nachfahren stellten es für die Dauerausstellung im Humberghaus zur Verfügung.

Was erzählt dieses Objekt über den Geschichtsort Humberghaus in Dingden?

Der einstige Wohnsitz der Familie Humberg ist heute ein Geschichtsort – und ein Ort mit Geschichten. Das Fahrrad erzählt so eine Geschichte. Es steht auch für den Anspruch, anhand von Biographien und ihren Verflechtungen in die Region die Geschichte jüdischen Lebens am Niederrhein und im westlichen Münsterland im 20. Jahrhundert zu erzählen. In den Fokus rückt dabei neben den Verfolgungserfahrungen der NS-Zeit auch das Leben dieser Dingdener Bürgerinnen und Bürger in einer katholisch geprägten Dorfgemeinschaft.

Dorsten

Weit gereist

Die Schabbatlampe ist wie ein achtzackiger Stern geformt. Sie stammt aus dem Haus der Familie Steeg in Daseburg bei Warburg. Samuel Steeg wirkte dort von 1774 bis 1805 als Rabbiner und gründete eine Toraschule. Der Schabbat wird in Erinnerung an die Schöpfungsgeschichte als wöchentlicher Ruhetag begangen – nach Jom Kippur der wichtigste jüdische Feiertag. Weil Feuermachen als Arbeit galt, waren Schabbatlampen vom Mittelalter bis zum 18. Jahrhundert üblich. Später zog man es vor, zwei weiße Kerzen anzuzünden.

Was erzählt dieses Objekt über das Jüdische Museum Westfalen in Dorsten?

Steegs Nachfahren retteten die Lampe seit den 1930er Jahren über Stationen in Palästina, Frankfurt am Main und Brasilien, bis sie 2018 dem Jüdischen Museum übergeben wurde. Die Schabbatlampe erinnert daran, dass jüdische Religionsausübung stark in die Familien und in den Alltag eingebunden ist. Sie verweist zudem auf die Jahrhunderte währenden jüdischen Traditionen in Westfalen.

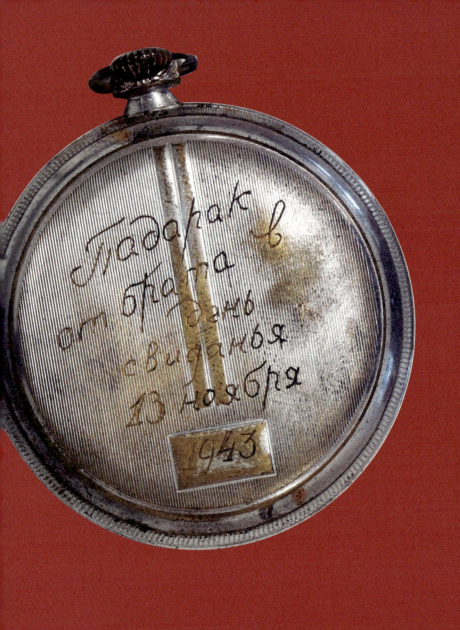

Dortmund

„Nur eine Uhr"

Während des Zweiten Weltkriegs stellten sowjetische Zwangsarbeiterinnen und Zwangsarbeiter die größte Gruppe im Polizeigefängnis Steinwache. Massive Gewalt ihnen gegenüber gehörte zum Alltag. Manche wurden von der Geheimen Staatspolizei getötet. Kurz vor Kriegsende erschoss sie in mehreren Massenhinrichtungen etwa 230 Menschen. Bei einem der Opfer wurde später diese Uhr gefunden. Auf Russisch heißt es auf der Rückseite „Geschenk des Bruders zum Tag des Wiedersehens 13. November 1943".

Was erzählt dieses Objekt über die Mahn- und Gedenkstätte Steinwache in Dortmund?

Anhand von Objekten erzählt die Gedenkstätte die Geschichte der Insassen des ehemaligen Polizeigefängnisses. Vor allem die große Zahl der Zwangsarbeiterinnen und Zwangsarbeiter bleibt dabei häufig namenlos. Wem die Uhr gehörte, ist bis heute ungeklärt. So zeugt sie von der brutalen Geschichte der Massenexekutionen kurz vor Kriegsende. Diese stellten den Höhepunkt einer langen Entwicklung dar, in der das Polizeigefängnis eine zentrale Rolle einnahm.

Drensteinfurt

Gedenken im Modell

2009 fertigten Schülerinnen und Schüler der Realschule Drensteinfurt das Modell im Maßstab 1 : 50 aus Holz. Es zeigt den Innenraum einer kleinen Landsynagoge im Münsterland. Seit 1872 bot sie bis zu 30 Gemeindemitgliedern auf den Holzbänken Platz. Eine Wendeltreppe führte auf die Frauenempore, die bis heute den schlicht gestalteten Raum dominiert. An der Ostwand bewahrte die Gemeinde ihre heilige Schrift im Toraschrein auf.

Was erzählt dieses Objekt über die Gedenkstätte in der ehemaligen Synagoge Drensteinfurt?

Nur wenige Spuren verweisen heute auf die ursprüngliche Gestaltung der Synagoge. Heute unterstreicht die Leere den Charakter des Gebäudes als Mahnmal und veranschaulicht die schlichte Architektur einer alten Landsynagoge, die selten so gut erhalten ist wie in dieser münsterländischen Kleinstadt. Dabei hilft das Werk der Schulklasse: Es rekonstruiert den Zustand des Betraums der jüdischen Dorfgemeinde, bevor Nationalsozialisten 1938 die Inneneinrichtung zerstörten.

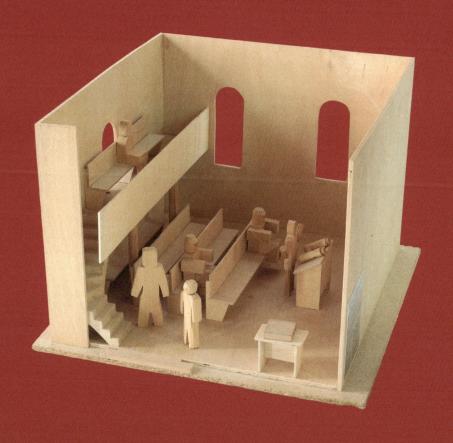

Duisburg

Widerstand in Serie

Ein Holzkoffer, dessen Innenleben aus einem Abzugsapparat für heimlich verfasste Schriften besteht: eine „Waffe" im Kampf gegen den Nationalsozialismus! Flugblätter und Plakate wurden nachts Blatt für Blatt abgezogen. Diese Schriften waren das Mittel des politischen Widerstands – und Duisburg war das Zentrum. In den Stahlwerken und Zechen stellten sich Menschen gegen Gleichschaltung und Unterdrückung. Die Informationen in den Schriften stärkten den Widerstand im Untergrund.

Was erzählt dieses Objekt über das Zentrum für Erinnerungskultur Duisburg?

Der Stapeldrucker zeigt Widerstand im Alltag. Das Zentrum für Erinnerungskultur konzentriert sich auf Ereignisse und Strukturen der lokalen Lebenswelt. Die migrationsgeschichtliche Perspektive spielt dabei eine zentrale Rolle mit Themen wie der ostjüdischen Emigrationsbewegung nach Duisburg, Zwangsarbeit, Flucht und Deportation. Ziel ist es, innerhalb einer heterogenen, von Zuwanderung geprägten Stadtgesellschaft ein gemeinsames Bewusstsein für die Vergangenheit der Stadt in der NS-Zeit zu entwickeln.

Düsseldorf (Erinnerungsort Alter Schlachthof)

„... die ganze Nacht."

In einen solchen Steintrog legten jüdische Eltern ihre Babys und Kleinkinder, damit diese die Nacht nicht auf dem nasskalten Boden der Viehhalle verbringen mussten. Dies berichtete die Augenzeugin und Holocaust-Überlebende Hilde Sherman-Zander aus Mönchengladbach, die am 11. Dezember 1941 vom Düsseldorfer Schlachthof in das Ghetto Riga deportiert worden war.

Was erzählt dieses Objekt über den Erinnerungsort Alter Schlachthof in Düsseldorf?

Der Steintrog steht am historischen Ort sinnbildlich für die nazistische Barbarei: Die Geheime Staatspolizei nutzte die Viehhalle (heute: Bibliothek der HSD) von 1941 bis 1944 als Sammelstelle vor den Deportationen. Fast 6.000 jüdische Männer, Frauen und Kinder aus dem Regierungsbezirk Düsseldorf mussten hier eine Nacht verbringen, bevor sie in Ghettos und Konzentrationslager deportiert wurden. Der Erinnerungsort Alter Schlachthof dokumentiert diese Verbrechen. Er erinnert an die Verfolgten und Ermordeten und setzt sich mit aktuellem Rassismus und Neonazismus auseinander.

Düsseldorf (Mahn- und Gedenkstätte)

Lauf der Erinnerung

Der Staffelstab hat eine bewegende Reise hinter sich: Im Gepäck eines Jugendlichen gelangte er im Februar 1939 von Düsseldorf nach England. Sein Besitzer Rudi Löwenstein war Jude. Er floh vor den Nationalsozialisten und lebte bis zu seinem Tod 2004 in Kanada. Den Staffelstab behielt er als Erinnerung an drei gute Freunde und Sportkameraden aus Düsseldorf: Kurt Eckstein, Heinz Jokl und Werner Philipp.

Was erzählt dieses Objekt über die Mahn- und Gedenkstätte Düsseldorf?

Nur Werner Philipp und Rudi Löwenstein überlebten den Holocaust. Sie besuchten 1993 gemeinsam ihre frühere Heimatstadt. Den Staffelstab brachten sie mit und schenkten ihn der Mahn- und Gedenkstätte. Sie wollten verhindern, dass die Geschichte ihrer ermordeten Freunde in Vergessenheit gerät. Diesen Auftrag setzt die Dauerausstellung „Düsseldorfer Kinder und Jugendliche im Nationalsozialismus" fort. Sie erzählt von Lebenswegen und Erfahrungen junger Menschen in der NS-Zeit und möchte Raum zum Lernen, Forschen und Erinnern bieten.

Essen

Glückliche Zeiten

Auf dem Weg zur Schule kam die elfjährige Doris Moses am Morgen nach dem Novemberpogrom an der ausgebrannten Synagoge vorbei. Sie kletterte durch ein zerbrochenes Fenster und nahm aus dem Schutt eine Handvoll Mosaiksteine und Scherben mit. Ihre Eltern flohen mit ihr in die Niederlande, wo sie im Lager Westerbork interniert und von dort 1944 nach Theresienstadt deportiert wurden. Ihr Vater wurde in Auschwitz erschossen. Nach der Befreiung zog sie nach Australien. Die Mosaiksteine aus Essen erinnerten sie an glückliche Zeiten.

Was erzählt dieses Objekt über die Alte Synagoge Essen?

Als die Stadt Essen Doris Moses 1988 einlud, brachte sie die Mosaiksteine mit und schenkte sie der Alten Synagoge. Dort wurden sie fester Teil der Dauerausstellung, die einen Schwerpunkt auf heutiges Judentum weltweit legt. Es soll hier vermittelt werden, dass Judentum keine 1945 ausgestorbene Religion ist, sondern lebendig die moderne Kultur mitprägt. Jüdische Lebensentwürfe von säkular bis ultraorthodox werden in ihrer ganzen Vielfalt präsentiert.

Gelsenkirchen

Ein meterhohes Manifest

„Ein Volk – ein Reich – ein Führer": Vier Meter hoch und fünf Meter breit ließ Ortsgruppenleiter Switala 1937 in roten und schwarzen Buchstaben an die Wände seiner NSDAP-Dienststelle schreiben, was die Nationalsozialisten schon lange vor der Machtübernahme gefordert hatten. Auf den ersten Blick sollte zu erkennen sein, worum es den Nationalsozialisten ging. Unverhohlen schürte das Parteiprogramm von 1920 Rassenhass und forderte die Abschaffung der Demokratie.

Was erzählt dieses Objekt über die NS-Dokumentationsstätte des Instituts für Stadtgeschichte Gelsenkirchen?

Das meterhohe Manifest führte den Menschen tagtäglich die völkische NS-Ideologie vor Augen. Heute beherbergt das Haus an der Cranger Straße eine Dokumentationsstätte zur Geschichte des Nationalsozialismus in Gelsenkirchen. Die Ausstellung dort erklärt, wie die NSDAP in der von der Arbeiterschaft geprägten Industriestadt ihre Macht mit Gewalt gegen Andersdenkende und mit Anreizen für „Volksgenossen" sicherte. Sie erinnert an die Menschen, die als „Gemeinschaftsfremde" verfolgt wurden, und an diejenigen, die sich mutig gegen die Nationalsozialisten stellten.

Hemer

Pickende Hühner

An ihr Spielzeug erinnern sich Erwachsene oft nach Jahrzehnten noch. Im Zweiten Weltkrieg war selbst geschnitztes Holzspielzeug wie diese „Pickenden Hühner" etwas Besonderes. Diese jedoch haben eine spezielle Herkunft, stammen sie doch aus der Hand eines sowjetischen Kriegsgefangenen des Stalag VI A. Ihre Bastelarbeiten boten Häftlinge trotz Verbot zum Tausch gegen Nahrungsmittel und Medikamente an. Mit Geschick und Geduld fertigten sie heimlich und unter Gefahr Gegenstände aus gesammeltem Abfall. Dabei trieb sie pure Not an.

Was erzählt dieses Objekt über die Gedenkstätte Stalag VI A in Hemer?

In einigen Familien wurden die Tauschobjekte aufbewahrt und der Gedenkstätte in Hemer zur Verfügung gestellt. Vor Ort verdeutlichen diese Gegenstände die Kreativität und Hingabe von Menschen in härtesten Kriegs- und Notzeiten und schaffen einen Zugang zum Alltagsleben, Leiden und Sterben tausender Gefangener. Vom weiteren Lebensweg des Mannes, der die „Pickenden Hühner" geschnitzt hat, ist jedoch nichts bekannt.

Herford

„Es geht vorüber"

In einer Holztür des früheren Polizeigefängnisses im Herforder Rathaus ist ein Satz eingeritzt: „Es geht alles vorüber." Für die meisten Häftlinge war diese Hoffnung trügerisch. Die Zwangsarbeiterin Agnesa Apanasenko gehörte zu den wenigen, die überlebten. Auch sie dokumentierte in kyrillischer Schrift ihre Haft in der Tür: „… saß in dieser Kammer 15 Tage lang. Kam an im Jahr 19.3.1945. Seit meinem Aufenthalt in Deutschland saß ich in dieser Kammer 2-mal." Ihr Besuch 1994 war ein Impuls für die Gründung der Gedenkstätte.

Was erzählt dieses Objekt über die Gedenkstätte Zellentrakt im Herforder Rathaus?

Als Spuren des Leidens dokumentieren die Einritzungen auch unbedingten Lebenswillen – und sind ein bedeutendes Vermächtnis. Obwohl die Nationalsozialisten die Spuren der Verfolgten tilgen wollten, überlebten diese Worte. Die Gedenkstätte konnte die Identität vieler Inhaftierter und damit Verfasser der Sätze klären: Doch wer die Hoffnung in die Tür ritzte, dass „alles vorübergeht", blieb unbekannt.

Köln (NS-Dokumentationszentrum)

Brutalität der Gestapo

Der Desinfektionshandapparat aus der ehemaligen Kölner Gestapo-Zentrale lenkt den Blick auf die unmenschlichen Haftbedingungen im Hausgefängnis der Gestapo. Zeitweise mehr als 15 Menschen zwängten die Wärter am Ende des Zweiten Weltkriegs in eine Einzelzelle. Um eine Ausbreitung von Krankheiten auch über die Gefängniszellen hinaus zu verhindern, nutzten die Aufseher dieses Gerät. Das Leben der Häftlinge schützten sie nur so lange, wie deren Verhöre andauerten.

Was erzählt dieses Objekt über das NS-Dokumentationszentrum der Stadt Köln?

Im EL-DE-Haus am Appellhofplatz hat die Gestapo tausende Menschen eingesperrt und gefoltert: Hunderte wurden im Innenhof hingerichtet. Inschriften an den Zellenwänden zeugen vom Leiden der Häftlinge, die ihre Gedanken oder Abschiedsworte in die Wände ritzten. Der Desinfektionshandapparat ergänzt die Erinnerung an die Verbrechen im Gebäudekeller um die Perspektive der Täter. Heute beherbergt das Haus das NS-Dokumentationszentrum der Stadt Köln, die meistbesuchte Gedenkstätte in NRW.

Köln (Jawne)

Für die Zukunft

„Seid starken Armes, ihr Brüder! Der Heimat / Boden zu hegen, ward euer Teil!" So heißt es im Gedicht „Birkat Am" des jüdischen Nationaldichters Chajim Nachman Bialik. Dieses brachte Dr. Erich Klibansky, Leiter des jüdischen Gymnasiums Jawne in Köln, 1936 in einer Broschüre auf Hebräisch heraus. Sie steht für die pädagogischen Ziele der 1919 gegründeten Jawne, die nach 1933 zu einem Zufluchtsort für jüdische Jungen und Mädchen aus Köln und Umgebung wurde: Neben einer fundierten Allgemeinbildung sollten ihnen jüdische Kultur und eine positive jüdische Identität als Basis ihres zukünftigen Lebens vermittelt werden.

Was erzählt dieses Objekt über den Lern- und Gedenkort Jawne in Köln?

Der Lern- und Gedenkort Jawne hält die Geschichte dieser „Kinder auf dem Schulhof nebenan" lebendig: Die Auseinandersetzung mit der Geschichte der Jawne soll sensibel gegenüber Antisemitismus machen und dazu anregen, Empathie zu entwickeln und über die Anerkennung kultureller und religiöser Vielfalt in Vergangenheit und Gegenwart nachzudenken.

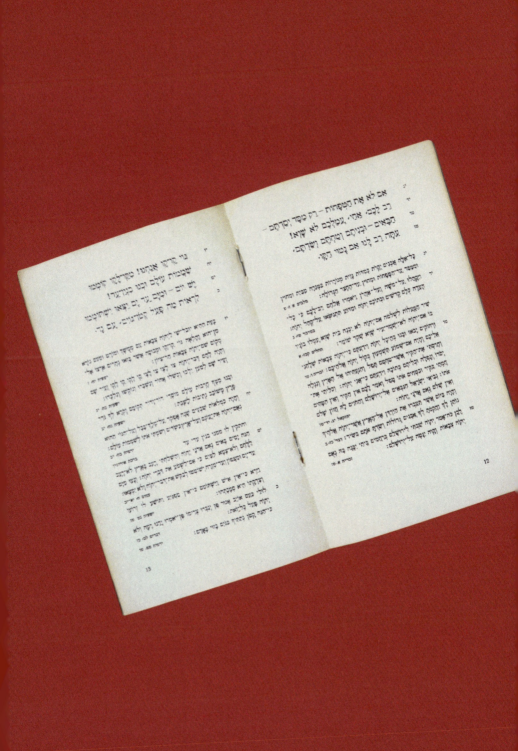

Krefeld

Kleider machen Leute

Dass Menschen mit ihrer Kleidung nicht nur Gruppen zugehören, sondern auch aus ihnen ausgeschlossen werden können, haben die Nationalsozialisten brutal ausgenutzt: Kaum ein Symbol ist so stark mit der Verfolgung der europäischen Juden verbunden wie der gelbe Stern, den auch die Krefelderin Lore Gabelin auf ihrer Kleidung tragen musste. Die Aufschrift „Jude" zog die hebräische Schrift ins Lächerliche. Das einst festliche blaue Sommerkleid war zum Stigma geworden.

Was erzählt dieses Objekt über die NS-Dokumentationsstätte Villa Merländer in Krefeld?

Lore Gabelin und ihr Mann überlebten den Holocaust und kehrten mit ihren Kindern nach Krefeld zurück. Sie wurde Mitglied der neuen jüdischen Gemeinde und war am Aufbau der NS-Gedenkstätte beteiligt. Sie stiftete zahlreiche persönliche Gegenstände für die Dauerausstellung „Krefeld und der Nationalsozialismus" in der Villa Merländer, die stellvertretend für das erlittene Unrecht der jüdischen Krefelder stehen.

Lemgo

Frohes neues Jahr

Das Schofar ist ein Widderhorn, das am jüdischen Neujahrstag und am Versöhnungstag geblasen wird. Zwischen diesen Feiertagen liegen zehn Tage, die im jüdischen Glauben im Zeichen der Versöhnung und Verständigung stehen. Das Horn war einst in der Synagoge Lemgo im Einsatz, die im Novemberpogrom 1938 zerstört wurde. Nach Kriegsende entdeckte der Holocaust-Überlebende Szmuel Raveh das Schofar und nahm es mit in seine neue Heimat Israel.

Was erzählt dieses Objekt über die Dokumentations- und Begegnungsstätte Frenkel-Haus in Lemgo?

Nur das Schofar und zwei Löwenfiguren überstanden die Zerstörung der Synagoge in der Pogromnacht. Es verweist auf die jüdische Kultur in Lemgo vor 1938 und auf deren Zerstörung durch Nationalsozialisten. Das Horn erzählt zudem die Geschichte von Karla Raveh, die im Frenkel-Haus aufwuchs, 1942 deportiert wurde und den Holocaust überlebte. 1986 schrieb sie ihre Erinnerungen auf und besuchte Lemgo fortan als Zeitzeugin. Zwei Jahre später brachte sie das Schofar, das ihr Ehemann Szmuel Raveh verwahrt hatte, zurück nach Lemgo.

Lüdenscheid

Kampfmythos als Leitbild

In der griechischen Sage besiegte Herkules heldenhaft die Hydra. Als die NS-Schwesternschaft 1940 einen Erweiterungsbau für das Krankenhaus in Lüdenscheid errichtete, wählte sie das Herkulesmotiv für ein Steinrelief über dem Eingang. Es versinnbildlicht den Kampf der Ärzte und Pfleger gegen das Kranke. Wer als krank galt, wurde durch pseudomedizinische Diagnosen und durch die NS-Weltanschauung festgestellt. Anstaltsärzte und -pfleger töteten 56 Erwachsene und vier Kinder aus Lüdenscheid.

Was erzählt dieses Objekt über die Ge-Denk-Zellen Altes Rathaus Lüdenscheid?

Die Polizei in Lüdenscheid sperrte an ihrem Dienstort im Alten Rathaus ab 1933 neben kriminellen Verdächtigen politische Gegner, Zwangsarbeiter und Juden ein. Viele überlebten die NS-Zeit nicht. Heute erinnert eine Ausstellung der „Ge-Denk-Zellen" im Alten Rathaus an die Verfolgten und die als „Kranke" Ermordeten. Dort steht heute auch der Herkules-Stein und weist auf die Gedankenwelt der Täterinnen und Täter hin.

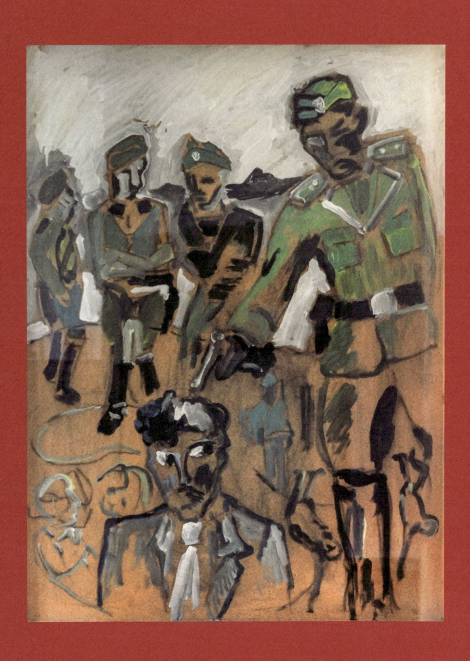

Münster

Verbrechen verbildlichen

Anatol Herzfeld verarbeitet künstlerisch den Mord an mehr als 30.000 Menschen durch deutsche Polizisten, SS-Männer und Soldaten in „Babij Jar im September 1941", so der Titel des Gemäldes. Der ehemalige Verkehrspolizist und Absolvent der Düsseldorfer Kunstakademie richtet den Blick auf die handelnden Personen: Neben dem entschlossenen Täter in grüner Polizeiuniform wenden sich Beistehende desinteressiert ab. Das Opfer hingegen behält sein Gesicht.

Was erzählt dieses Objekt über den Geschichtsort Villa ten Hompel in Münster?

Die Villa ten Hompel war in der NS-Zeit eine regionale Schaltzentrale der Ordnungspolizei. Heute erinnert der Geschichtsort an die Opfer und erforscht Motive der Täter, die als „ganz normale" Polizisten Kriegsverbrechen begingen. Anatol Herzfelds Gemälde zeigt, dass sich in der Polizei selbst ein innerer Antrieb zur Aufarbeitung entwickelt hat. Seine Kunst schlägt die Brücke zwischen Vergangenheit und Gegenwart. Das stellt Gesellschaft und Polizei gleichermaßen vor Fragen: Wie würde ich mich verhalten und wie kann ich aus dieser Geschichte lernen?

Oberhausen

Menschenverachtung überleben

Zwangsarbeiter wurden meist nur mangelhaft mit Nahrung versorgt. Gerade für rassisch diskriminierte „Ostarbeiter" waren die Lebensbedingungen häufig lebensbedrohlich. In ihrer Not bastelten sie aus allem Möglichen Dinge, die sie zum Überleben gegen Brot oder andere Nahrung tauschten. Das sorgfältig gearbeitete Kistchen war der Preis für ein verbotenes, aber lebenswichtiges Tauschgeschäft zwischen Zwangsarbeitern und Deutschen.

Was erzählt dieses Objekt über die Gedenkhalle im Schloss Oberhausen?

Das Tauschobjekt illustriert das Schwerpunktthema Zwangsarbeit in der Gedenkhalle. Es belegt, dass der menschenverachtende Umgang mit Zwangsarbeitern im nationalsozialistischen Deutschland hingenommen oder sogar ausgenutzt wurde. Dass bis 1945 allein im Deutschen Reich etwa 13,5 Millionen Menschen Zwangsarbeit leisten mussten, hat im Bewusstsein der meisten Deutschen erst spät zu Einsicht in dieses Unrecht und zu Verantwortungsübernahme geführt.

Petershagen

Nachbarschaftliches Vertrauen

Am Vorabend ihrer Deportation 1942 übergab die Petershäger Jüdin Grete Hertz diese Brotschneidemaschine vertrauensvoll ihrem Nachbarn, weil sie wusste, dass er sie ihr nach ihrer Rückkehr zurückgeben würde. Nach zwei Jahren im Ghetto Theresienstadt wurden sie und ihre Familie jedoch 1944 in das Vernichtungslager Auschwitz deportiert und ermordet. Ihr Nachbar Carl Ballhaus bewahrte derweil die Brotschneidemaschine getreulich auf – über sorgsame Erben gelangte das Stück schließlich in die Gedenkstätte.

Was erzählt dieses Objekt über die Alte Synagoge Petershagen?

Die Brotschneidemaschine der jüdischen Familie Hertz ist eines der wichtigsten Exponate in der Ausstellung, weil sie eine Geschichte von Nachbarschaft, Vertrauen und der Kraft der Erinnerung über vier Generationen hinweg erzählen kann. In der Alten Synagoge hält die Bürgerinitiative seit den späten 1990er Jahren das jüdische Leben als gelebten Alltag und dessen Geschichte in der Region wach.

Selm-Bork

Auf Tauchgang

Immer wieder gehen Bürgerinnen und Bürger rund um die Alte Synagoge Selm-Bork auf Spurensuche. Zuletzt forschte eine Schulgruppe in einem LWL-Grabungsprojekt nach einer Mikwe, einem Tauchbad zur rituellen Reinigung. Sie konnten keine eindeutigen Belege finden, da eine Kanalisation viele Spuren vernichtete. Doch legten sie eine Mauer mit angedeuteter, in die Tiefe führender Treppe frei.

Was erzählt dieses Objekt über die Alte Synagoge Selm-Bork?

Die Landgemeinde baute ihre kleine Synagoge um 1800. Wie anderswo war eine Mikwe für rituelle Reinigungen fester Bestandteil des Gebetshauses. Die 1938 verbliebenen Borker Juden verkauften das Gebäude an den Nachbarn. Deshalb wurde die Synagoge in der Nacht des 9. November 1938 nicht angezündet. Sie diente dem Nachbarn fortan als Kohlenlager. Als er in den 1980er Jahren den Abriss des heruntergekommenen Gebäudes beantragte, engagierten sich Bürgerinnen und Bürger für den Erhalt. Sieben Jahre später waren sie erfolgreich: Seit 1994 ist die Alte Synagoge ein Ort des Gedenkens und Erinnerns.

Siegen

Fürs Leben lernen

Zur Einschulung erhielt Inge Frank 1928 von ihren Eltern ein Schreibpult. Der dunkel gebeizte Holzschreibtisch hatte eine aufklappbare Arbeitsplatte, unter der die Schülerin Hefte und Bücher aufbewahren konnte. Oberhalb befand sich eine schmale Ablage für Tintenfass und Schreibutensilien. Inge war das jüngste von drei Kindern der Eheleute Paula und Samuel Frank. Sie wurde Anfang Mai 1942 mit 800 weiteren Juden aus dem Regierungsbezirk Arnsberg nach Zamosc deportiert. Niemand von ihnen hat überlebt.

Was erzählt dieses Objekt über das Aktive Museum Südwestfalen in Siegen?

Als Inge Frank nach der Machtübernahme der Nationalsozialisten nicht mehr an dem Schreibpult lernen durfte, schenkte sie es dem jungen Mitbewohner Klaus Fries. Ihm und seinen fünf Geschwistern, die ihre Schularbeiten daran machten, war die Geschichte der Familie Frank immer bewusst. Heute erinnert dieses Objekt gerade Schülerinnen und Schüler anschaulich an das Leben der jungen Inge.

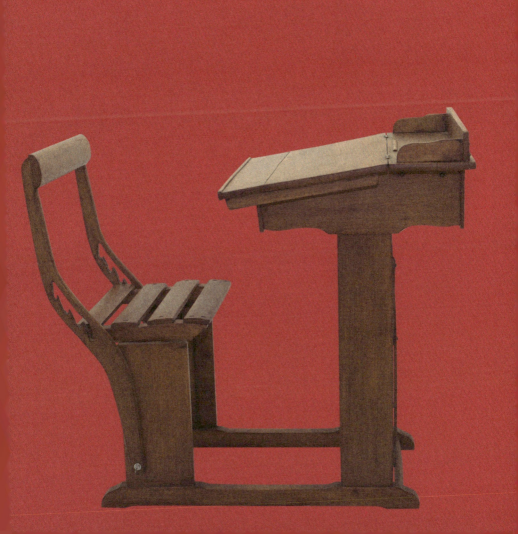

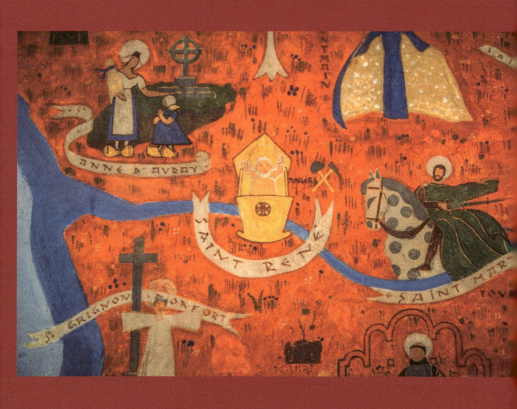

Soest

Freisein durch Kunst

Rose Gillet traute ihren Augen kaum, als sie 1997 in der Französischen Kapelle in Soest im Wandgemälde des gekreuzigten Jesus ihren Mann wiedererkannte. Guillaume Gillet war ein Künstler und französischer Offizier im Zweiten Weltkrieg. Gemeinsam mit René Coulon gestaltete er 1940 im Dachraum des Blocks 3 im Oflag VI a eine Kapelle für die kriegsgefangenen französischen Offiziere. Mit diesem Selbstporträt setzte er sich ein Denkmal. Den Mitgefangenen vermittelte dieser Betraum religiöse Freiheit, trotz langjährigen Eingesperrtseins.

Was erzählt dieses Objekt über die Gedenkstätte der Geschichtswerkstatt Französische Kapelle in Soest?

Die Geschichtswerkstatt hat mit ihrer Gründung 1997 die Französische Kapelle in den Mittelpunkt der Kasernengeschichte gerückt und sie als NS-Gedenkstätte etabliert. Eindrücklich zeigt die inzwischen restaurierte Freskenmalerei der Kapelle, wie die inhaftierten Offiziere ihre religiöse Identität auch in der Gefangenschaft wahrten. Heute vermittelt dieser Ort besonders den jungen Menschen, wie eng die Geschichte Soests mit dieser Kaserne und den unterschiedlichen Opfergruppen aus Frankreich, Russland, Belgien und den Niederlanden verwoben ist.

Stukenbrock

Chance auf Abschied

Drei Tage fuhr Dimitrij Kucenko von Odessa an die Senne. Nach Jahren der Ungewissheit hatte er durch Recherchen des Gedenkstättenteams des ehemaligen Kriegsgefangenenlagers Stalag 326 die Chance, sich von seinem Vater, der hier verstarb, zu verabschieden. Dimitrij Kucenko brachte Erde vom Grab seiner Mutter mit und nahm Erde vom Ehrenfriedhof sowjetischer Kriegstoter. Die Eltern sollten endlich wieder vereint sein. Dieser Moment ist im Bild festgehalten.

Was erzählt dieses Objekt über die Gedenkstätte im ehemaligen Arrestgebäude des Stalag 326 (VI K) in Stukenbrock?

Die Kucenkos stehen stellvertretend für viele Familien, die endlich Klarheit haben wollen. Sich nach Jahrzehnten der Ungewissheit persönlich verabschieden zu können, ist vielen Angehörigen sehr wichtig. Denn hinter jedem der bis zu 65.000 verstorbenen, hier in 36 Massengräbern liegenden Kriegsgefangenen steht ein familiäres Schicksal. Ihr Verlust prägt bis heute die Lebensgeschichten der Angehörigen, die die Gedenkstätte durch die Schicksalsklärungen aufzuhellen versucht.

Vogelsang

Stolze „Ordensjunker"

Noch Jahrzehnte nach dem Zweiten Weltkrieg trugen ehemalige Lehrgangsteilnehmer der NS-Ordensburg Vogelsang solche Anstecknadeln zur Wiedererkennung „alter Kameraden". Sie waren vor dem Zweiten Weltkrieg in Vogelsang auf ihre Aufgaben als politische Funktionäre der „rassisch" gedachten „Volksgemeinschaft" vorbereitet worden. Die Nadel mit der Ansicht Vogelsangs, angelehnt ans Design des Parteiabzeichens der NSDAP, signalisierte die Zugehörigkeit zum Kreis der „Ordensjunker" und verklärte zugleich die persönliche NS-Vergangenheit als „Herrenmensch".

Was erzählt dieses Objekt über die NS-Dokumentation Vogelsang?

Orte wie Vogelsang trugen zur „fatalen Attraktion" des Nationalsozialismus bei. Diese wirkte noch nach dem Krieg nach. Die Dauerausstellung fokussiert auf die Akteure der NS-Ordensburgen, auf ihre Herkunft und ihre Überzeugungen, ihre Prägungen und Motivationen, auf ihre Handlungsspielräume und ihre Täterschaft und Mittäterschaft bei den deutschen Massengewaltverbrechen in Osteuropa.

Willy Seligmann Rosbach (Sieg)

Windeck-Rosbach

Aufgehängt und weggelegt?

Nur drei Kleiderbügel blieben von einem beliebten jüdischen Textilkaufhaus in Rosbach. Den jüdischen Inhaber Wilhelm Seligmann enteigneten die Nationalsozialisten, bevor sie ihn und seine Familie deportierten und ermordeten. Einer der Bügel trägt den handschriftlichen Vermerk „1938". Das war das Jahr, in dem Nationalsozialisten Willys Geschäft in den Novemberpogromen zerstörten.

Was erzählt dieses Objekt über die Gedenkstätte „Landjuden an der Sieg" in Windeck-Rosbach?

Im ehemaligen Wohnhaus der Familie Seligmann wurde 1994 eine Gedenkstätte eröffnet. Ein Jahr zuvor hatte die in Argentinien geborene Großnichte von Willy, Mariana Pissani, der Einrichtung zwei Kleiderbügel übergeben. Ihr Vater Alfred Seligmann hatte sie als Erinnerungs- wie auch Gebrauchsstücke im Oktober 1938 bei seiner Auswanderung mit nach Argentinien genommen. Heute sind sie ein Zeugnis des ehemals blühenden jüdischen Geschäftslebens in Rosbach und verweisen zugleich auf dessen Vernichtung durch die Nationalsozialisten.

Wuppertal

Scherben ohne Glück

Das Milchkännchen ist zerbrochen. Ein Stempel gibt Aufschluss: „KPM" ist dort zu lesen. Das war das Zeichen der „Königlichen Porzellan Manufactur" in Berlin. Das Kännchen ist ein Stück sogenanntes „Judenporzellan". Juden des 18. Jahrhunderts mussten dies aus Schikane dem „aufgeklärten" Preußenkönig abkaufen. Das Kännchen stammt aus dem Besitz einer jüdischen Familie. Moritz Treistmann zog Anfang des 20. Jahrhunderts aus Lublin nach Deutschland und gründete in Wuppertal eine Familie – hoffnungsfroh und unternehmerisch. Er konnte nicht ahnen, dass er und seine Frau den Holocaust nicht überleben würden. Aber seine Kinder!

Was erzählt dieses Objekt über die Begegnungsstätte Alte Synagoge Wuppertal?

Durch die Nachfahren früherer jüdischer Mitbürgerinnen und Mitbürger, die heute im Ausland leben, kann die Begegnungsstätte Alte Synagoge Wuppertal auch an die lange und wechselvolle jüdische Geschichte vor dem Nationalsozialismus erinnern. So ist das Milchkännchen überdies ein Symbol für das große Vertrauen zwischen den Nachfahren der Verfolgten und der Gedenkstätte.

Perspektiven

Stefan Mühlhofer/Norbert Reichling/Ulrike Schrader

Wissen – Irritation – Haltung

Was können Gedenkstätten und Erinnerungsorte?

Nicht nur ihre geographische Nähe und gute Erreichbarkeit sind die Vorzüge der lokalen Gedenkstätten in Nordrhein-Westfalen und in anderen Bundesländern. Ihre spezifischen Leistungen liegen neben dem Praktischen ebenso auf anderen Ebenen:
Lokale Gedenkstätten erzählen (ihre) Geschichte in vertrauter Umgebung.
Lokale Gedenkstätten leisten durch ihre Grundlagenforschung einen unerlässlichen Beitrag zur Zeitgeschichtsschreibung.
Lokale Gedenkstätten sind persönliche, familiengeschichtliche Erinnerungsorte für Nachfahren in aller Welt.
Lokale Gedenkstätten schaffen Zeit und Raum für persönliche Begegnungen, die Diskussion unterschiedlicher Meinungen und die aktive Aneignung.

1) Einige Stärken der Gedenkstätten-Landschaft in Nordrhein-Westfalen

„Das kulturelle Gedächtnis ... ruht nicht nur in Bibliotheken, Museen und Archiven, es ist auch in Orten verankert [...], man muss reisen, um diese Qualität des Gedächtnisses – im Wortsinne – zu erfahren" (Aleida Assmann). Dass sich die NS-Geschichte nicht nur im fernen Berlin als Regierungssitz, ihre Verbrechen nicht nur im heute polnischen Ort Oświęcim abgespielt haben, dass NS-Geschichte nicht nur ein Kapitel im Schulgeschichtsbuch ist, das man weit von sich halten oder einfach zuklappen kann, machen die lokalen Gedenkstätten begreifbar.

Örtliche Nähe – zeitliche Ferne

In der eigenen Stadt, an vertrautem Ort, im Alltag und quasi nebenan stehen die Gedenkstätten wie Zeugen und Beweise in der städtischen Bebauung. Die meisten von ihnen sind historische Stätten – sie befinden sich an einem Ort, an dem sich tatsächlich Geschichte in der Zeit des Nationalsozialismus ereignet hat. Die Gedenkstätten sind damit authentisch im Sinn einer Echtheit für die Geschichte, die sie erzählen wollen, oder sie sind Artefakte, also Um- oder Neubauten gemäß ihrem Standort. Ihr Erkenntniswert kann nicht überschätzt werden: Die Bestürzung über die Tatsache, dass in unmittelbarer Nachbarschaft zur eigenen Adresse, genau an dieser bezeichneten Stelle, Verbrechen organisiert, in Gang gesetzt und/oder konkret begangen wurden, scheint die wachsende zeitliche Distanz zu überbrücken. Erforderlich dafür ist selbstverständlich eine Erklärung, um die baulichen Relikte in ihren historischen Kontext einzuordnen und ihre Bedeutung nachvollziehbar zu machen.

Wissenschaftliche Redlichkeit und der Eigenwert historisch-politischen Lernens

Es muss als eine Selbstverständlichkeit vorausgesetzt werden, dass die Authentizität des Ortes als Gedenkstätte geprüft und mit Quellen belegt ist. Sollten die Rechercheergebnisse mager oder gar ungenügend ausfallen, muss auch das transparent werden, ebenso dann, wenn ein „authentischer Ort" für die Gedenkstätte gar nicht erst gefunden werden kann.

Wissenschaftliche Genauigkeit ist die Basis jeder Gedenkstättenarbeit. Die Grundlagenforschung auf lokaler Ebene drückt sich in Mikrostudien und konkreten kleinen Geschichten aus: über Gebäude, Familien, Firmen, Institutionen, vergangene soziale Alltagspraxis. Es sind die Tiefenbohrungen an einem bestimmten Ort, die ans Licht beförderten ungekannten und ungeahnten Details, die die pädagogische Arbeit in den Ausstellungen so anschaulich und nachvollziehbar machen. Darüber hinaus bilden diese mittlerweile einen Quellenfundus und eine reiche Datenbasis zur Alltagsgeschichte im Nationalsozialismus; auf beidem baut die Zeitgeschichtsforschung verlässlich auf.

Zwar wird der Stellenwert von „Faktenwissen" schon lange in Zweifel gezogen. Dennoch bilden die weitgehend unumstrittenen historischen Sachverhalte weiterhin ein wichtiges Grundgerüst dessen, woraus sich Geschichtsbilder oder Geschichtsbewusstsein entwickeln. Historisches Wissen ist so auch für sich genommen von großer Bedeutung, unabhängig von der Verwertung als politische Gegenwartsressource. Orientierungs- und Zusammenhangswissen sowie Erschließungskompetenzen sind unabdingbare Voraussetzungen für das, was mit „Erinnern" und „Gedenken" gemeint ist, aber vor allem für die Anerkennung von Leidtragenden historischer Geschehnisse. Die Moderation einer Auseinandersetzung mit den Verbrechen und ihren Opfern steht in der ständigen Spannung, die Opfer zu würdigen, ohne in Betroffenheitsrituale zu verfallen oder nur ein „erwünschtes Sprechen" zu produzieren. Selbst in der Konfrontation mit extremen Leidgeschichten sollte, soweit dies möglich ist, eine Distanz gewahrt bleiben, die für eine respektvolle und zugleich autonome Haltung notwendig ist.

Gesprächskultur statt Überwältigung

Generell erlauben die Gedenkstätten vor Ort – und hier gerade die kleineren – ungewöhnliche Formate der Geschichtsvermittlung. Vor allem herrscht Redefreiheit auch für abweichende (und irrige) Meinungen. Es gibt dort keine „Grenzen des Sagbaren", sondern offene Diskussionen, nicht Mainstream, sondern Meinungsaustausch. Man darf und soll hier auch mitreden, wenn man nicht die letzte argumentative Finesse des wissenschaftlichen oder feuilletonistischen Diskurses beherrscht.

Das wird in hoher Qualität und mit nachhaltiger Wirkung dann möglich, wenn die Begegnung auf dem Fundament einer gesicherten Faktenlage beruht und die Mitarbeiterinnen und Mitarbeiter sich souverän und reflektiert darauf bewegen. Längst haben sich die Institutionen, bei

aller Verschiedenheit, darauf verständigt, die moralisch intendierte, emotionalisierte Überzeugungshaltung zugunsten einer zugewandten, offenen und Widersprüche zulassenden Präsentation von Biographien, Ereignissen und Situationen aufzugeben. Mehr und mehr erproben die in der Vermittlung Tätigen Erzählformate, die Leerstellen und Unauflösbarkeiten tolerieren. Es geht nicht mehr darum – wie noch zu Beginn der 1980er Jahre vielfach zu beobachten – ‚Schrecklichstes durch Dramatisierung und Kommentierung zu doppeln, um einen zweifelhaften Mehrwert in der „Demokratie- und Menschenrechtsbildung" zu erzielen, sondern darum, Fragen aufzurufen, auf die auch die Mitarbeitenden nicht zwingend immer eine Antwort haben. Eine solche tastende Gesprächsführung bedeutet nicht Orientierungslosigkeit, sondern im Gegenteil: Vertrauen in die Autonomie eigenständigen Denkens der Besucherinnen und Besucher. Und sie ist selbstverständlicher Bestandteil einer Berufsethik, für die „Überwältigung" keine Option ist.
Oft blockieren eigene alte Denkmuster der Professionellen die Debatte. Im Zuge der Kontroverse um die Singularität des Holocaust wurde in die Diskussion der Begriff der „Unvergleichbarkeit" eingeführt. Erst die komparative Genozidforschung hat aber gezeigt, welche Elemente des Holocaust mit anderen Genoziden dann doch vergleichbar sind und sein müssen und welche nicht. Erst dies macht seine Monstrosität klar. Rationale Kategorien zu erarbeiten, um eine Vergleichbarkeit zu beurteilen und damit erst die Chance zu bekommen, Wiederholungsgefahren entgegenzuarbeiten, ist ein wichtiger Teil der Prävention und der Aufklärung.

Pädagogik und Sachlichkeit ...

Die Erwartungen an Gedenkstättenbesuche sind regelmäßig sehr hoch. Selten wird der Versuchung widerstanden, der Auseinandersetzung mit Diktaturen, Staatsverbrechen und Opferschicksalen auch einen aktuellen politischen Nutzen zuzuschreiben. Historisch-politisches Lernen soll (und zwar in kürzester Zeit) gegen vieles immunisieren, zum Beispiel gegen autoritäre Versuchungen, Extremismus oder politische Gleichgültigkeit. Zeithistorische Museen und Gedenkstätten – der Unterschied ist stark geschrumpft – sind jedoch seit ca. zwei Jahrzehnten dabei, sich der Pathosformeln zu entledigen, die ihre Gründung noch begleiteten. Ungeachtet mancher Ungleichzeitigkeiten lässt sich feststellen, dass die linearen Botschaften, Erzählungen und Wirksamkeitsversprechen unterschiedlicher Herkunft („Nie wieder!", Schutzimpfung gegen Rechtsextremismus, Versöhnung mit den Überlebenden, „geistig-moralische Wende") weitgehend nüchternerer Programmatik weichen. Die Ausstellungen verstehen sich inzwischen als Möglichkeitsräume für individuelle Lerninteressen, für das „Anschlusslernen" verschiedenster Gruppen von zwangsrekrutierten Schülerinnen und Schülern über diverse Berufsgruppen bis hin zu Touristinnen und Touristen. Heiner Treinens Befund, dass in Museen „kulturelles Window-Shopping" geschehe – 1983 noch als herbe professionelle Kränkung aufgenommen –, wird heute weithin als Realität akzeptiert. Auch Mahn- und Gedenkstätten freunden sich mit den Prinzipien offener Kommunikation an und kritisieren schlichte Top-down-Belehrungskonzepte. Ihre historische Quellen- und Deutungsarbeit kann nicht eindimensional motivieren und in Bewegung setzen – sie hat immer ein irritierendes Moment.

... statt Pathos und Sinnstiftung

Dass es sinnvoll, praktisch oder legitim sein könnte, via Geschichtspolitik kulturelle Sinnstiftung zu betreiben, ist eine Vorstellung, die sich ungeachtet der eher gegenläufigen professionellen Debatten nicht nur in Deutschland verbreitet hat. Mit der Integration des „Holocaust-Gedenkens" und der „Holocaust Education" in den Wertekanon internationaler Gemeinschaften haben sich zwar sinnvolle Vernetzung und staatliche Unterstützungsaktivitäten eingestellt bzw. verstärkt. Indes ist darin die Gefahr enthalten, mit einem weltweit artikulierten Geltungsanspruch diese Lehren nicht nur normativ aufzuwerten, sondern zugleich inhaltlich zu entleeren: Denn abgesehen von den höchst unterschiedlichen Lektionen, die daraus zu gewinnen wären: Wie viel historische Konkretion von Taten, Täterhandeln, Widerstand, Kontextanalyse usw. verträgt ein weltweit gültiger Versuch, aus der Gesamtsumme von Staatsverbrechen zu lernen? Welche neuen Opferkonkurrenzen und Hierarchisierungskonflikte drängen sich dann auf? In der Regel wird das Motiv der Werteerziehung durch Gedenkstätten so ausbuchstabiert, dass an der Geschichte des NS-Regimes und seiner Verbrechen die schrecklichen Folgen gesellschaftlicher Diskriminierung und Ausgrenzung sowie des Fehlens bzw. der Missachtung von Grundrechten ablesbar seien. An den Verbrechensorten sei zu sehen, wie die Radikalisierung der Täterinnen und Täter und des Terrors funktionierte, manchmal auch: wie die Verhaltensmöglichkeiten der Opfer schrumpften und wo dennoch gelegentlich Widerstand möglich wurde. Doch solche ortsbezogenen Blicke zeigen schnell, dass eine schematische Betrachtung unangemessen ist: Die Themen, die Ausstellungen und die pädagogischen Angebote der Gedenkstätten und Geschichtsorte sind so verschieden, dass die Zielsetzungen ebenfalls ausdifferenziert werden sollten – und sich an den Wissensbeständen orientieren, die dort zur Verfügung stehen.

Ziele mittlerer Reichweite

Es liegt also nahe, bescheidenere Ziele als die zitierten zu formulieren: Gelegenheit, Räume und „Anschlüsse" zu schaffen, sich überhaupt in eine Beziehung zu den historischen Geschehnissen am jeweiligen Ort zu setzen, verlangt viel pädagogische Freiheit und Flexibilität. Von schulischen Lernformen sich abzuheben, dürfte aber die größte Chance der Gedenkstättenpädagogik sein. Zur professionellen Ethik gehört es, unterschiedliche Zugänge zu eröffnen, die Klischees dekonstruieren können und multiperspektivische Sichtweisen (über vereinfachende Opfer-Täter-Zuschauer-Typologien hinaus) unterstützen. Die Bereitschaft, solche Wege mitzugehen und sich in weitere Diskussionen der „unangenehmen Themen" zu verstricken, wächst sicherlich dort, wo man Freiräume forschenden und lebensgeschichtlich relevanten Lernens aufzeigen kann (und Zeitbudgets dafür verfügbar gemacht werden).

Die einschüchternde und mitunter demotivierende, gelegentlich zum pubertären Protest einladende Übermacht bereits vorgeformter Erinnerungskultur, vorgegebener Deutungen und „erwünschter" Lehren aus der Zeitgeschichte kann und muss eingeschränkt werden: zum Beispiel durch selbständige (gleichwohl begleitete) lokal- und familiengeschichtliche Recherchen. Die Fachdiskussion lehrt, dass solche partizipativen Arrangements auf vielen Niveaus und für alle Lerngruppen machbar sind. Gelingen derartige Annäherungen und wird auf schlichte Instrumentalisierung für kurzfristige Parolen verzichtet, dann werden junge (und ältere) Lernende auch, wie die Schul-Curricula es schon länger fordern, zu Mitgestaltenden künftiger Geschichtskultur.

2) Herausforderungen und Probleme

Die vorzeigbaren fachlichen und sonstigen Entwicklungen der nordrhein-westfälischen Gedenkstätten seit den 1990er Jahren dürfen nicht den Blick darauf verstellen, dass es heikle Themenkomplexe gibt, die besonderer Aufmerksamkeit bedürfen.

Zeitzeugen

Wissenschaftsorientierung und Verlässlichkeit bilden die vertrauensbildenden Säulen für das Dach, unter dem sich die Nachfahren der Menschen treffen, die Opfer der Nationalsozialisten geworden sind: Jüdische Familien kommen regelmäßig, um die Heimatstädte ihrer Eltern und Großeltern zu erkunden, Nachfahren von Zwangsarbeiterinnen und Zwangsarbeitern suchen möglicherweise nach dem Grab ihrer Angehörigen, Kinder und Enkelkinder von Häftlingen recherchieren in den Gedenkstätten die Umstände und Gründe des Unrechts, das ihren Verwandten geschehen ist.

Diese Begegnungen bleiben nicht immer auf das Gespräch zwischen Besuchenden und Mitarbeitenden in den Gedenkstätten beschränkt. Zuweilen ergeben sich daraus beeindruckende und berührende Kontakte zwischen Jugendlichen aus Schulen und den Gästen, manchmal erklären sich diese sogar bereit, vor einem größeren Publikum zu sprechen. Das sind dann stets individuell und sorgsam vorbereitete Situationen, außergewöhnlich und nie Routine.

Angehörige aus den Familien der Zeitzeugen können uns durchaus einen neuen Zugang zur Geschichte geben. Vor allem ihre Berichte über den Umgang mit den Verfolgungsgeschichten in den Familien machen das oft auch innerfamiliär schwere Erbe deutlich. Wesentlich kritischer zu sehen sind sogenannte „Zweitzeugenprojekte". Dort nehmen es junge Menschen, meist in sehr guter Absicht, auf sich, die Verfolgungsgeschichte eines Zeitzeugen weiterzuerzählen. Welchen Mehrwert dieses Verfahren gegenüber Film- und Tonaufnahmen mit den Zeitzeugen haben soll, erschließt sich nicht. Denn hier werden die Erfahrungen der Zeitzeugen nur durch die Brille des „Zweitzeugen" neu interpretiert (und in der Regel noch einmal gefiltert) weitergegeben.

Überhaupt stellt die pädagogische Arbeit mit der „historischen Quelle Zeitzeuge" Vermittlerinnen und Vermittler vor besondere und vielfältige Herausforderungen: Zeitzeugen sind in erster Linie Menschen und als solche individuelle Persönlichkeiten. Ihre Erinnerungen sind so subjektiv wie ausschnitthaft, so selektiv wie überlagert. Zeitzeugen dürfen sich irren, und ihre Aussagen müssen taktvoll überprüft werden. Wer das Glück hat, einen noch lebenden Zeitzeugen kennen zu lernen, baut vielleicht eine sehr vertraute persönliche Beziehung auf, vor allem, wenn dieser sich öffnet und auch über sehr private und intime Dinge spricht. Nie darf dieses Vertrauen aber missbraucht werden zur Identifikation und Vereinnahmung für eigene (ideologische) Ziele oder als Argument in politischen Debatten.

Fragen aus der Einwanderungsgesellschaft

Die reale Vielfalt der Familienerinnerungen in der Einwanderungsgesellschaft, die widerstreitenden Narrative über Nationen, Fluchten und Grenzen sind oftmals geeignet, klare Botschaften zu zertrümmern, mit ihnen kommen neue Fragen auf den Tisch: Wie wichtig ist die Geschichte der NS-Taten für Menschen, deren Familie aus Belarus, Afghanistan oder Bosnien stammt? Sie wird nicht einfach irrelevant, es kann aber auch nicht eine schlichte Übernahme einfacher Lernziele erwartet werden. Vielmehr müssen sich die Gedenkorte für Debatten öffnen, in denen die Groß- und Staatsverbrechen des 20. und 21. Jahrhunderts sachlich abgewogen werden, ohne dass sofort ein „Geschichtsrevisionismus"-Verdacht erhoben wird. Der „Abgleich der Gedächtnisse" (Dan Diner) mag wenig kalkulierbar und somit eine pädagogische Herausforderung sein, doch ist er mit Sicherheit fruchtbarer als die Aufrechterhaltung der „moralischen Hochdruckkammern" (Philipp Ruch), die Gedenkstätten und Erinnerungsorte einmal waren.

Unsere Erfahrungen sprechen jedenfalls dagegen, Probleme des Rassismus, Antisemitismus und der Geschichtsvergessenheit an Menschen mit internationaler Familiengeschichte zu externalisieren. Das Rezept, die „Anerkennung der Shoah" zu einer Art Ersatz-Treueeid für Migrantinnen und Migranten, zum Ausweis ihrer Anerkennung bundesrepublikanischer Wertewelten zu machen, gehört nicht in eine differenzierte Geschichtsdidaktik. Vielmehr nehmen wir die Chancen wahr, die in den heterogenen Erzählungen der Einwanderungsgesellschaft liegen: die Einladung nämlich, eigene Perspektiven zu überprüfen und andere Blickwinkel zu erproben.

Umgang mit Antisemitismus

Zu den schwierigeren Aufgaben der Gedenkstätten gehört das Thema Antisemitismus. Als prominenteste Opfergruppe des Nationalsozialismus formen die Besucherinnen und Besucher aus „den Juden" quasi reflexhaft den zentralen und beherrschenden gedanklichen Rahmen ihrer Exkursionen in NS-Gedenkstätten, und zwar selbst dann, wenn dort aus inhaltlichen Gründen die Judenverfolgung überhaupt keine Rolle spielt. Wegen immer wieder auch bei Erwachsenen zu beobachtenden Zusammendenkens der beiden Komponenten „Nationalsozialismus" und „Juden" muss jede Gedenkstätte damit rechnen, entsprechend befragt zu werden, und das nicht immer nur sachlich. In nuce lässt sich das in folgender, gar nicht seltener Formulierung fassen: „Was war denn nun mit den Juden, dass Hitler sie so gehasst hat?" Hier mischt sich eine Neugier für jüdische Geschichte mit dem Wunsch, für den Holocaust eine Erklärung zu erhalten. Dass diese Gesprächssituation auf mehreren Ebenen – die verquere Logik und Kausalität in der Frage, das Interesse am spezifisch Jüdischen und die Suche nach einer erlösenden Antwort – analysiert, aber mit dem Fragenden in fairer Weise gelöst werden muss, überfordert viele Mitarbeitende schon aus fachlichen Gründen, viel mehr aber noch aus psychologischen.

Ebenso gewichtig wirkt sich der Reflex aus, wenn er als Provokation ausgedrückt wird: Zunehmend müssen Gedenkstätten mit vor allem jugendlichen Besucherinnen und Besuchern rechnen, die dem Jüdischen schlechthin mit Argwohn und Geringschätzung gegenübertreten, und zwar nicht nur wegen eines virulenten Nahostkonflikt-Imports, sondern aus religiösen Gründen. Der Satz „Die Tora ist eine Fälschung" aber ist keiner, auf den eine NS-Gedenkstätte automatisch eine Antwort weiß. Auf die wachsende Bedeutung von Religiosität in unserer Gesellschaft muss dennoch konstruktiv reagiert werden, eben weil „die Juden" die prominenteste Opfergruppe des Nationalsozialismus darstellen und so in der Öffentlichkeit wahrgenommen werden. In allen Gedenkstätten, auch an solchen Orten, in denen es eben nicht in erster Linie um eine lokale jüdische Geschichte geht, besteht der Anspruch, über die Religion und Geschichte der Juden Auskunft geben zu können.

Eine besondere Herausforderung stellt wegen seiner Komplexität das Thema „Israel" dar. In der Regel erweist es sich als Prüfstein für das Gelingen einer Diskussion, die zwischen den Extremen einer philosemitischen, unkritischen Israel-Begeisterung und einer menschenrechtlich, christlich-links oder einfach nur moralisch auftretenden Palästina-Solidarität gespannt ist. Grundiert werden solche Parteinahmen eigentlich immer vom Theorem des Sprechverbots, man „dürfe ja Israel nicht kritisieren". Auch hier helfen letztlich nur die beiden Konzeptionsstränge, ein gut informiertes Angebot der historisch-politischen Bildung zu machen und zugleich den Diskussionsverlauf mit seinen intentionalen Hintergründen im Blick behalten und analysieren zu können. Zu Recht kann man sich fragen, ob sich Gedenkstätten mit dem ja eher politischen Thema der israelischen Politik im Vermittlungsbereich befassen müssen, aber angesichts des deutlichen Gesprächsbedarfs bei den Besucherinnen und Besuchern kann man sich dem kaum entziehen.

Demokratie in Gefahr?

In der öffentlichen Debatte wird häufig der Vergleich mit den sogenannten „Weimarer Verhältnissen" gezogen. Trotz aller Sorgen, die sich Demokratinnen und Demokraten derzeit zu Recht beim Blick auf viele schon oben genannte unerfreuliche Entwicklungen über unsere Gesellschaft machen, sollte man nicht in einen dauerhaften Alarmismus abgleiten. Die Unterschiede zwischen den späten 1920er

Jahren und heute sind so gravierend, dass ein kurzer und nüchterner Blick auf die Fakten Wachsamkeit befördern, panische Reaktionen aber zugleich verhindern sollte.

Die sozialen Medien spielen in der Auseinandersetzung mit absichtlich gestreuten falschen Tatsachenbehauptungen eine besondere Rolle. Zwar ist diese Art der Berichterstattung nichts Neues, die sogenannten Protokolle der Weisen von Zion bezeugen dies auf bedrückende Art und Weise. Doch das Internet und die sozialen Medien haben die Verbreitung von persönlichen Meinungen und Ansichten wesentlich einfacher gemacht. Früher brauchte man eine Druckerpresse, heute kann man seinen Hass über Twitter und Facebook in die Welt blasen. So verschwimmt bei vielen jungen Menschen immer mehr das Gespür für das, was wahr und was unwahr ist. Dies stellt Gedenkstätten vor eine besondere Herausforderung, denn auch antisemitische und nationalistische Propaganda findet über das Internet rasende Verbreitung. Zum einen erfordert dies, dass auch Gedenkstätten sich noch stärker in die sozialen Medien einbringen, zum anderen ist es wichtig, dass die Guides der Gedenkstätten in Medienfragen noch besser geschult werden als heute schon.

3) Weiterentwicklung ist geboten

Für die stetige Weiterentwicklung der nordrhein-westfälischen Gedenkstätten-Landschaft ist kein Abschluss in Sicht: Immer noch arbeitet die Mehrzahl der Einrichtungen – trotz neuer Förderlinien, unter anderem des Landes Nordrhein-Westfalen – mit völlig unzureichenden personellen und sachlichen Ressourcen, die in keinem Verhältnis zu den Anforderungen und der Nachfrage stehen. Immer noch leben viele dieser Orte ausschließlich vom freiwilligen Engagement weniger, das auf Dauer nicht anhalten wird. Für die kontinuierlich gebotene eigene Fortbildung bleibt kaum ein Zeitbudget in dem oft von ein bis zwei Personen bewältigten Gedenkstätten-Alltag – vom Engagement in der Weiterbildung schulischer und anderer Multiplikatorinnen und Multiplikatoren ganz zu schweigen. Neue Zielgruppen-Konzepte sind erprobt und bewährt, ebenso wie Strategien der stärkeren Inklusion; doch woher sollen die Ressourcen für solch aufwändige Arrangements kommen? Die internationale Vernetzung mit anderen Erinnerungsorten ist ebenfalls eine zwingende Notwendigkeit, im europäischen Maßstab und darüber hinaus; für die hoffnungsvollen Ansätze mit Kolleginnen und Kollegen in Polen, Frankreich, Griechenland, Israel usw. ist aber kaum Arbeitskraft übrig.

Das erreichte Niveau der Professionalisierung, Verberuflichung und Vernetzung deutlich zu steigern, ist nicht nur im Interesse der dort Arbeitenden – es muss als gemeinsame Sache von Kommunen, Träger- und Fördervereinen, Land und auch bundesweiter Kulturpolitik begriffen werden, soll nicht ein Rückfall in die lückenhafte Geschichtskultur der 1960er und 1970er Jahre und ein partieller Verlust erworbener Kompetenz in Forschung und Vermittlung riskiert werden.

Autorenverzeichnis

Verzeichnis der Autorinnen und Autoren
Katalogbroschüre „Mehr als man kennt – näher als man denkt. Objektgeschichten aus Gedenkstätten in NRW"

Guido Hitze

Dr. phil., seit Juni 2020 Leiter der Landeszentrale für pol. Bildung NRW. Zuvor in verschiedenen Bereichen der Landesverwaltung und Landespolitik tätig, darunter von 2008 bis 2013 als für die Gedenkstätten und Erinnerungskultur zuständiger Referatsleiter in der Landeszentrale NRW. Zuletzt im Landtag Leiter der Planungsgruppe „Geschichtspolitik und Demokratie Nordrhein-Westfalens" („Haus der Landesgeschichte NRW").

Klaus Kaiser

ist parlamentarischer Staatssekretär im Ministerium für Kultur und Wissenschaft des Landes Nordrhein-Westfalen. Seit 2000 ist er Mitglied des Landtages von Nordrhein-Westfalen. In der CDU-Landtagsfraktion übernahm er zunächst das Amt des kulturpolitischen Sprechers und dann das des bildungspolitischen Sprechers. Zwischen 2010 und 2017 war er stellvertretender Vorsitzender der CDU-Landtagsfraktion und hier zuständig für die Bereiche Schule, Wissenschaft und Kultur. In seiner Funktion als parlamentarischer Staatssekretär, in dessen Zuständigkeitsbereich die politische Bildung liegt, besuchte er 2018 und 2019 alle 29 NS-Gedenkstätten in Nordrhein-Westfalen.

Alfons Kenkmann

Prof. Dr. phil., ist seit 2003 Professor für Didaktik der Geschichte an der Universität Leipzig, wo er unter anderem das Zentrum für Lehrerbildung und Schulforschung aufbaute. Zuvor war er 1998 bis 2003 Gründungsdirektor des Geschichtsorts Villa ten Hompel in Münster. Seit 2003 ist er Vorsitzender des Arbeitskreises der NS-Gedenkstätten und -Erinnerungsorte in NRW.

Stefan Mühlhofer

Dr. phil., ist geschäftsführender Direktor der Kulturbetriebe der Stadt Dortmund und Direktor des Stadtarchivs Dortmund. Zuvor leitete er die Mahn- und Gedenkstätte Steinwache in Dortmund. Er ist unter anderem Vorsitzender einer regionalen Arbeitsgemeinschaft bei „Gegen das Vergessen – Für Demokratie e. V.", stellvertretender Vorsitzender des Kreisverbands Dortmund des Volksbunds Deutsche

Kriegsgräberfürsorge e. V. und Vorstandsmitglied im Arbeitskreis der NS-Gedenkstätten und -Erinnerungsorte in Nordrhein-Westfalen.

Norbert Reichling Dr. phil., leitet seit 2006 in ehrenamtlicher Funktion das Jüdische Museum Westfalen in Dorsten. Bis 2018 war er als pädagogischer Mitarbeiter im Leitungsteam des Bildungswerks der Humanistischen Union NRW tätig. Er hat mehrere Bücher und Beiträge zur Erwachsenenbildung, zur politischen Bildung und zur Erinnerungskultur veröffentlicht. Seit 2014 ist er Vorstandsmitglied im Arbeitskreis der NS-Gedenkstätten und -Erinnerungsorte in NRW.

Ulrike Schrader Dr. phil., leitet seit 1994 die Begegnungsstätte Alte Synagoge in Wuppertal. Die Literaturwissenschaftlerin erhielt für ihr Engagement und ihre Forschungen zu jüdischem Leben und zu jüdischer Kultur in Wuppertal und im Bergischen Land verschiedene Auszeichnungen. Sie ist darüber hinaus Lehrbeauftragte für Geschichte und ihre Didaktik an der Bergischen Universität. Bis 2016 gehörte sie dem Vorstand des Arbeitskreises der NS-Gedenkstätten und -Erinnerungsorte in NRW an.

Für die Redaktion:
Philipp Erdmann Dr. phil., ist seit 2018 wissenschaftlicher Mitarbeiter im Stadtarchiv Münster. Dort ist er zuständig für historische Bildung und Forschung. Vorher war er wissenschaftlich-pädagogischer Mitarbeiter im Geschichtsort Villa ten Hompel der Stadt Münster und von 2017 bis 2018 Vorstandsassistent im Arbeitskreis der NS-Gedenkstätten und -Erinnerungsorte in NRW. Er publiziert zur regionalen Zeitgeschichte sowie Geschichtskultur und ist Lehrbeauftragter an der Universität Münster.

Peter Römer ist wissenschaftlich-pädagogischer Mitarbeiter des Geschichtsortes Villa ten Hompel der Stadt Münster und hier zuständig für historisch-politische Bildung, insbesondere von Erwachsenengruppen, Seminar- und Projektkonzeptionen, die Koordination von Gedenkstättenfahrten und Öffentlichkeitsarbeit. Zudem ist er Lehrbeauftragter der Hochschule für Polizei und Verwaltung NRW. Er begleitete den Arbeitskreis der NS-Gedenkstätten und -Erinnerungsorte in NRW langjährig als Vorstandsassistent.

ISBN-10: 3-935811-33-0